高校法治工作与师生权益保护

杜立聪 著

GAOXIAO FAZHI
GONGZUO YU SHISHENG
QUANYI BAOHU

群言出版社
QUNYAN PRESS
·北京·

图书在版编目（CIP）数据

高校法治工作与师生权益保护 / 杜立聪著. -- 北京：群言出版社, 2024.9. -- ISBN 978-7-5193-1001-1

Ⅰ. D922.183.4；D922.164

中国国家版本馆 CIP 数据核字第 2024VM1789 号

责任编辑：孙平平　宋盈锡
封面设计：李士勇

出版发行：群言出版社
地　　址：北京市东城区东厂胡同北巷 1 号（100006）
网　　址：www.qypublish.com（官网书城）
电子信箱：qunyancbs@126.com
联系电话：010-65267783　65263836
法律顾问：北京法政安邦律师事务所
经　　销：全国新华书店

印　　刷：北京九天万卷文化科技有限公司
版　　次：2024 年 9 月第 1 版
印　　次：2024 年 9 月第 1 次印刷
开　　本：710mm×1000mm　1/16
印　　张：12.5
字　　数：192 千字
书　　号：ISBN 978-7-5193-1001-1
定　　价：68.00 元

【版权所有，侵权必究】

如有印装质量问题，请与本社发行部联系调换，电话：010-65263836

前言

在当今社会,法治在高等教育领域的重要性日益凸显。高校法治工作不仅是实现教育公正、保障师生权益的重要手段,也是维护校园稳定、促进教育健康发展的关键环节。随着法治国家、法治政府、法治社会的全面推进,高校作为知识与创新的重镇,其内部管理、师生权益保护、学术自由与法律限制等方面均需在法治框架下进行审慎规范。

本书旨在深入探讨和分析高校法治工作的多个维度,从高校法治工作的概念与发展出发,逐步深入到师生权益的法律基础、高校内部管理与法治实践、知识产权保护、教育质量与法治保障,以及校园性别平等和学术自由等多个重要领域。本书通过全面、系统地剖析这些领域中的关键问题和法律应对策略,不仅为理论界提供了研究视角,也可为高校实际工作提供指导和参考。

在高校法治工作的实践中,我们面临着诸多挑战与机遇。如何在保障学术自由与维护国家安全之间找到平衡点,如何在促进创新与保护知识产权之间建立有效机制,以及如何在维护师生权益与提升教育质量之间实现协调发展,都是当前高校法治工作中必须认真考量的问题。此外,随着社会的进步和法律的发展,校园性别平等问题也日益受到重视,高校如何在法治框架下促进性别平等、预防和处理性骚扰等问题,也是本书重点探讨的内容。

本书通过分析这些问题的现状、探讨相关的法律政策、提出实践中的解决策略,旨在为读者提供一个关于高校法治工作全面而深入的视角。我们希望,通过对这些问题的探讨和分析,能够为高校法治建设提供理论支持和实践指导,为高校创造一个更加公正、安全、有序的教育环境。

目录

第一章 高校法治工作的概念与发展 ... 1
- 第一节 高校法治工作的定义与重要性 ... 2
- 第二节 高校法治工作的发展历程 ... 8
- 第三节 高校法治工作与国家法律体系的关联 ... 15
- 第四节 当代高校法治工作的特点 ... 23

第二章 师生权益的法律基础 ... 30
- 第一节 师生权益的定义及其法律地位 ... 31
- 第二节 教育法对师生权益的保护 ... 35
- 第三节 劳动法在教师权益保护中的应用 ... 42
- 第四节 学生权益保护中的相关法律规定 ... 49

第三章 高校内部管理与法治实践 ... 57
- 第一节 高校章程与内部管理规定的法治化 ... 58
- 第二节 教师与学生参与校内决策的法律机制 ... 63
- 第三节 校园纠纷处理的法治途径 ... 70
- 第四节 校园安全与法治保障 ... 78

第四章 师生合同权益的法治保护 ... 86
- 第一节 教师聘任合同中的权益保障 ... 87
- 第二节 学生教育服务合同的法律特性 ... 94
- 第三节 合同纠纷的法律解决途径 ... 101

第五章　知识产权在高校的保护 …… 107
第一节　教师与学生的知识产权概述 …… 108
第二节　高校知识产权的法律规定与实施 …… 113
第三节　高校科研成果的权益分配 …… 120
第四节　知识产权侵权的处理机制 …… 126

第六章　高校教育质量与法治保障 …… 132
第一节　教育质量评估的法律框架 …… 133
第二节　高校教育责任与法律义务 …… 137
第三节　学生权益与教育质量的关联 …… 142
第四节　高校教育质量监控的法治实践 …… 147

第七章　校园性别平等与法律保护 …… 152
第一节　性别平等的法律原则及其在高校的应用 …… 153
第二节　高校性骚扰预防与处理机制 …… 159
第三节　促进校园性别平等的法律举措 …… 166

第八章　高校学术自由与法律限制 …… 172
第一节　学术自由的法律界定与保护 …… 173
第二节　学术自由与国家安全的法律平衡 …… 177
第三节　高校内的言论自由与法律约束 …… 182
第四节　学术不端行为的法律处理 …… 187

参考文献 …… 194

第一章
高校法治工作的概念与发展

在当代社会，随着法治观念的深入人心和法律体系的日益完善，高校法治工作显得尤为重要。本章聚焦于高校法治工作的概念与发展，旨在深入探讨其在现代教育体系中的核心地位和作用。高校，作为知识传播和人才培养的重镇，不仅是法治思想的传播者，也是法治实践的先行者。

在这一章中，我们首先对高校法治工作进行定义，明确其在高等教育体系中的重要性。这不仅关系到校园内部的秩序与和谐，也关系到学生作为未来社会成员的法治素养。其次，我们追溯高校法治工作的发展历程，能更好地理解其在不同历史时期的角色和意义。历史的脉络帮助我们认识到，高校法治工作的发展并非一蹴而就，而是在不断的社会变迁和法律发展中逐渐成熟和完善。再次，本章还探讨了高校法治工作与国家法律体系的紧密关联。高校作为社会的一个缩影，其法治建设不仅要与国家法律体系保持一致，更要在某些方面发挥引领作用，为社会法治进步贡献力量。最后，我们着重分析当代高校法治工作的特点。在数字化、全球化的背景下，高校法治工作面临着新的挑战和机遇。如何在保持传统法治教育精髓的同时，适应时代发展的需要，不断创新和完善，成为摆在每一所高校面前的重要课题。

通过对这些内容的深入探讨，本章旨在为读者提供一个全面而深刻的视角，以理解和把握高校法治工作在当代社会中的意义和发展趋势。

第一节　高校法治工作的定义与重要性

一、法治工作在高校中的定义

高校法治工作在高等教育体系中扮演着至关重要的角色。它的基本概念涵盖了在高校管理和教育中的多重职能和责任，旨在创造一个依法治理、公平公正、秩序井然的校园环境，以促进学术研究的创新和学生全面发展。

高校作为培养未来社会领袖和专业人才的重要场所，需要确保其内部秩序稳定、教育质量高、遵纪守法。因此，高校法治工作的定义不仅包括依法治理的概念，还包括法律教育、法律意识的培养及学术研究的法治保障。以下将详细解释高校法治工作如何融入学术、行政及学生事务中，包括但不限于规章制度的制定、法律教育、司法监督、学生教育和安全维护等各个方面。

高校法治工作在规章制度的制定和执行方面发挥着关键作用。高校内部需要建立一套规范行为的法律制度，以确保师生员工的行为符合法律法规，维护校园秩序。这包括了学术诚信准则、学生纪律规定、职工行为规范等规章制度的制定。这些规章制度不仅要反映国家法律法规的要求，还要考虑到高校的特殊情况和需求。同时，法治工作需要监督规章制度的执行，确保规则得以贯彻和执行，维护学术和行为的合法性。高校法治工作在法律教育方面扮演着重要的角色，不仅要为法学专业的学生提供专业法律知识和技能的培训，还要普及法律知识，增强全校师生的法律意识。高校可以通过开设法律课程、举办法律讲座、组织模拟法庭活动等方式，来推动法治观念的传播和根植。法治教育不仅是传授法律知识，更要培养学生的法治思维和法律素养，使他们能够在日常生活中自觉守法、理解和尊重法律。

高校法治工作还涉及司法监督和纠纷解决。高校内部可能会发生学术争议和纠纷，需要有专门机构来处理这些问题。法治工作可以通过设立学术纠纷处理机构，负责调查学术不端行为，裁决争议，这有助于维护学术正义和校园和谐。同时，法治工作还可以协助处理其他类型的纠纷，包括学生间的争端及师生与校方之间的争议。通过提供公平、公正的解决机制，法治工作可以确保纠纷得以妥善解决，维护校园内部的秩序和稳定。

此外，高校法治工作也关注学生教育和引导。一方面，它不仅仅关注学生的学术表现，还要培养他们的法治意识和社会责任感。通过开展法治教育活动，鼓励学生参与社会服务和公益活动，这有助于培养学生的综合素养，使他们成为具有法治观念的公民。同时，法治工作也鼓励学生参与学校管理和决策，培养他们的领导能力和参与意识，使他们能够在校园内部发挥积极作用。另一方面，高校法治工作也关注校园的安全与稳定。它致力于确保校园内没有违法犯罪行为，保障师生的人身和财产安全。这包括了建立校园安全管理体系，加强校园巡逻和监控，提供安全教育和培训等措施。同时，法治工作需要妥善处理突发事件，如自然灾害、安全事故等，维护校园的社会稳定，以确保学术和教育活动的正常进行。

高校法治工作在高等教育中具有多重职能和责任。它不仅有助于维护校园秩序和学术正义，还能培养学生的法治意识，促进高校与社会的互动与发展。高校法治工作需要在学术、行政和学生事务中全面融入，确保高校成为一个依法治理、公平公正、法治意识浓厚的学习和研究场所。这将为高校的长远发展和社会进步做出积极贡献。通过法治工作的不断深化和完善，高校将更好地履行其教育使命，为社会培养更多的优秀人才，推动社会的进步和发展。

二、提升高校治理水平的重要性

高校，作为国家培养未来人才的摇篮和知识传播的阵地，在现代社会中扮演着举足轻重的角色。高校的治理水平不仅关系到学校自身的发展和稳定，还关系到国家的科技进步、社会和谐、人才培养等方方面面。因此，提升高校治理水平具有重要的战略意义。

首先，要明确高校治理水平提升的关键点之一就是法治建设。法治工作不仅仅是维护社会秩序和保护公民权益的工具，也是高校内部治理的基石。法治工作的建设可以确保高校的规章制度具有公平性和合理性。公平性意味着高校的规则和制度对所有成员都适用，不会因为地位、背景或其他因素而产生歧视。合理性意味着高校的规章制度是基于科学的、民主的原则制定的，有助于实现高校的教育和管理目标。如果高校的规章制度缺乏公平性和合理性，就会导致不满和不稳定，影响高校的正常运行。

其次，法治工作对于维护校园秩序具有重要作用。校园是一个特殊的社会群体，拥有自己的规则和行为准则。如果没有法治的约束和保障，校园内部可能会出现各种问题，如校园欺凌、学术不端、违法行为等。这些问题不仅会损害高校的声誉，还会影响学生的学习和成长。通过加强法治工作，高校可以建立健全的规章制度和纪律处分机制，对违法违纪行为进行及时处理，维护校园的安全和秩序。

最后，法治工作可以促进教育公平。教育公平是一个国家和社会都高度关注的问题，而高校作为教育的重要环节，也需要积极参与和推动教育公平的实现。通过建立公平的招生制度、奖学金评定标准和教学资源分配机制，高校可以确保每个学生都有平等的机会获得高质量的教育。法治工作可以帮助高校确保这些制度的公平性和合理性，防止不正当的权力干预和不公平的行为发生，从而促进教育公平的实现。法治工作也是保障学生和教职工权益的重要手段。高校内部存在着不同的利益群体，如学生、教师、行政人员等。这些群体的权益需要得到充分的保护和尊重。通过建立法治机制，高校可以确保学生和教职工的权益得到依法保障，防止权力滥用和不正当的侵犯。此外，法治工作还可以为学生和教职工提供维权的途径，使他们能够有效地维护自己的权益。

提升高校治理水平的重要性不言而喻。法治工作在其中扮演着关键的角色，通过确保规章制度的公平、合理性，维护校园秩序，促进教育公平，保障学生和教职工权益，为高校的健康发展提供了坚实的基础。高校应该高度重视法治建设，不断完善法治机制，确保高校内部的治理达到更高的水平，为培养更多优秀的人才、推动社会的进步和发展，做出积极的贡献。在这个充满机遇和挑战的时代，高校的治理水平提升是一项长期而紧迫的任务，需要全社会的共同努力和支持。只有通过法治建设，高校才能更好地履行其肩负的历史使命，为国家和社会的繁荣做出更大的贡献。

三、法治精神的培养与学术自由

在现代社会中,法治精神被认为是维护社会秩序和公平正义的基石之一。高校作为社会的智力和文化培养基地,肩负着培养未来社会精英的责任,因此在高校中培养法治精神显得尤为重要。本书将探讨法治精神如何在高校中培养,以及它对于促进学术自由和学术探索的重要性,同时讨论如何在尊重法治的前提下保护和鼓励学术研究和讨论的自由。

高校是法治精神的温床,培养法治精神从课堂教育开始。高校应该设立法治教育的课程,让学生了解国家法律体系和法治精神的基本理念。这些课程应当包括宪法、民法、刑法、行政法等内容,以帮助学生建立正确的法治观念和法律素养。此外,高校还应该积极引导学生参与法律实践活动,如模拟法庭、法律实习等,通过亲身经历来感受法治的重要性。除了课程教育,高校还应该通过校园文化和活动来培养法治精神。学校应该制定并强化校纪校规,确保学生遵守法律法规,培养他们的法治观念。同时,学校可以组织法治讲座、法律辩论赛等活动,引导学生积极参与,增强法治意识。此外,高校还应该建立法律咨询和援助机构,为师生提供法律咨询和帮助,让他们在面临法律问题时能够得到及时支持和指导。

法治精神的培养不仅仅是为了让学生成为遵纪守法的公民,更重要的是培养他们的批判思维和责任意识。高校应该鼓励学生对法律问题进行深入思考和独立判断,培养他们的法律道德和社会责任感。只有在法治精神的引领下,学生才能够更好地理解社会现象、参与社会事务,并为社会进步贡献自己的力量。与此同时,法治精神也与学术自由密切相关,学术自由是高校的核心价值之一。法治精神的培养可以为学术自由提供坚实的法律基础。在尊重法治的前提下,高校应该保护和鼓励学术研究和讨论的自由。

高校应该建立明确的学术自由政策,确保学者们在学术研究和探讨方面享有充分的自由。这包括保护学者的学术独立性,不受外部干扰,同时也要允许学者们自由地表达他们的观点。学术自由政策应该明确规定对于学者的评价和晋升不应受到其观点和研究领域的影响,以确保学者们敢于探索和提出不同的观点。

高校应该建立学术道德和伦理的标准，引导学者们进行诚实、可靠的学术研究。学术研究的自由不应该被滥用，学者们应该遵守学术道德准则，严厉打击学术造假、抄袭等不端行为。高校应该建立严格的学术伦理监管机制，对于违反学术伦理的行为进行严肃处理，以维护学术研究的诚信和可信度。此外，高校还应该鼓励学者们积极参与学术讨论和合作。学术自由并不意味着孤立和排他，相反，它应该促进学者之间的交流和合作。高校可以建立学术交流平台，举办学术研讨会、讲座等活动，为学者们提供交流和合作的机会。同时，高校还可以设立学术基金和奖励制度，鼓励学者们进行高水平的学术研究和探索。而且高校应该强化对于学术自由的维护和捍卫。当学者们的学术自由受到侵犯时，高校应该站在学者一边，积极采取措施保护他们的权益。这包括提供法律支持，向外界发声，维护学术自由的声誉。高校还应该教育学生和社会大众，让他们了解学术自由的重要性，以形成广泛的支持。

法治精神的培养与学术自由密切相关，它们共同构成了高校的核心价值观。高校应该通过课程教育、校园文化建设、学术自由政策等多种途径来培养法治精神，同时保护和鼓励学术自由的实践。只有在法治精神和学术自由的共同支持下，高校才能够充分发挥其作用，为社会的进步和发展做出积极的贡献。希望未来的高校能够不断完善对法治精神的培养和对学术自由的保障，为培养更多有社会责任感的优秀人才创造更加良好的环境和条件。

四、高校法治工作面临的挑战

高校法治工作面临的挑战是一个复杂而严峻的议题，需要深入分析和综合思考。在讨论这些挑战之前，我们首先需要明确高校法治工作的基本概念和目标。高校法治工作的核心目标是确保大学校园内的法治环境，保护学校成员的合法权益，促进知识传播和社会进步。然而，实现这一目标面临着多重复杂挑战。

第一，高校法治工作需要平衡法治与行政管理之间的关系。大学作为教育机构，必须确保教学、科研和管理等方面工作的顺利进行。但是，在追求行政效率的同时，必须始终遵循法治原则，不损害师生的权益和自由。

这涉及如何平衡校园治安和学术自由之间的关系,以及如何确保校园规章制度不侵犯个体权益。因此,高校需要建立有效的法治机构和程序,确保行政决策的合法性,以及对不当行为的公正处理。第二,高校法治工作还需要处理与学生权益相关的敏感问题。学生是大学社区的重要组成部分,他们享有言论自由、结社自由等基本权益。然而,学校也需要维护校园秩序和安全,防止极端言论和暴力事件的发生。这就需要高校在处理学生抗议、言论自由和校园安全等问题时,做出明智的决策,既满足法治要求,又兼顾学生权益。

一方面,高校应该在学生入学时开设法治教育课程,使他们了解法治的重要性和基本原则。这不仅可以提高学生的法律素养,还可以培养他们的法治意识,使他们更好地遵守校园规章制度,以及在面对法律问题时能够理性思考和行动。另一方面,高校应改善规章制度。高校的规章制度应该清晰、明确,符合法律法规,能够平衡学校管理的需要和师生的权益。规章制度的制定应该充分考虑不同利益群体的意见和建议,确保公平和透明。同时,高校应该建立有效的申诉机制,让师生能够在遭受不当对待时寻求公正的解决途径。

高校应强化法治监督和审查,如建立独立的法治监督机构,负责监督校园法治环境的维护和行政决策的合法性。这可以通过设立法治委员会或独立的法律顾问来实现。此外,高校也可以邀请外部专家和学者对校园法治工作进行定期审查和评估,以确保法治工作的公正和有效。而且高校管理层应该与师生建立更加密切的沟通渠道,听取他们的意见和建议。师生代表可以参与校园规章制度的制定和修订,以确保规章制度更加符合实际需求。同时,高校应该鼓励师生参与法治教育和宣传活动,提高他们的法治意识和参与度。而且高校法治工作需要建立长期机制,持续改进和优化。法治环境的建设是一个长期过程,需要不断适应社会和校园的变化。高校应该定期对法治工作进行自查和评估,发现问题及时解决,不断提高法治水平和管理效能。[①]

---

① 刘祥国.高校管理与师生权益的保护[J].长春大学学报(社会科学版),2006,16(1):94-97.

高校法治工作面临着平衡法治与行政管理、处理与学生权益相关的敏感问题等多重挑战。解决这些挑战需要加强法治教育，改善规章制度，强化法治监督和审查，加强师生参与和沟通，并建立长期机制，持续改进和优化法治工作。只有通过全面的努力，高校才能够建立一个健康、和谐、法治的校园环境，促进知识传播和社会进步的同时，保护师生的合法权益。

第二节　高校法治工作的发展历程

一、早期探索阶段

中国高校法治工作在其发展历程中经历了早期探索阶段和改革开放时期的转折点，虽然取得了显著进展，但仍然面临着一些挑战和问题。下面将探讨中国高校法治工作的发展历程，包括早期探索阶段、改革开放时期的转折点、面临的挑战与问题、未来发展方向与建议。

早期探索阶段的中国高校法治工作，从新中国成立初期到改革开放前，是中国高等教育体系发展漫长历程中的一个关键时期。这一时期，高校法治工作的基本情况可以被描述为初步探索、规范建设不足、法治观念尚未深入人心。在新中国成立初期，中国的高校法治工作主要以政府规定的法律法规遵守为主要目标。当时，政府强调高校的政治化，希望高校能够为社会主义事业做出贡献。因此，高校内部的法治教育主要是为了培养学生的政治觉悟和社会主义法律观念。学校领导层通常由党派成员组成，他们在法治工作中扮演着重要角色，确保学校的政治稳定和社会主义法治观念的传播。然而，尽管政府对高校法治工作的要求很高，但在这一时期，高校的法治工作缺乏系统性和专业性。法律教育课程相对有限，教材和教育资源匮乏，导致法律教育的质量不高。学生的法律素养相对较低，法律观念也不够深入。高校法学专业的设置相对较少，法律教育的师资力量不足，无法满足社会对法律专业人才的需求。与此同时，高校内部的法治建设也存在一些问题。学校内部的管理体制相对僵化，法律制度不够健全。在一些情况下，学校领导可能会滥用权力，导致不公正的决策和行为发生。对于学生的法律权益保护也存在一定的不足，学生在面对校内问题时难以维护自己的合法权益。因此，虽然政府对高校法治工作提出了要求，但在这一阶段，法治观念尚未在高校内部深入人心，高校法治工作还有很大的发展空间。

改革开放以来，中国高校法治工作经历了一系列重大的变革和发展，成为高等教育领域的一项重要任务。这一阶段的高校法治工作从多个方面取得了重要进展，包括法律教育的改革、法学专业的发展、法治观念的普及、高校内部管理的改进。而且改革开放时期的高校法治工作注重加强法律教育的改革。政府出台了一系列政策和措施，鼓励高校开设法学专业，扩大法律教育的覆盖面。法学专业的数量和质量都有了显著提升，为培养更多的法律专业人才提供了坚实的基础。法学课程的内容也更加丰富多样，不仅包括基础法律知识，还涵盖了法律实务和社会法治观念的培养，使学生能够更好地适应现代社会的法治需求。

改革开放时期的高校法治工作促进了法治观念的普及和深入人心。高校积极开展法治教育活动，组织法律知识竞赛、法治讲座和法律咨询等活动，提高了学生和教职员工的法律意识。法治观念的普及不仅有助于维护社会稳定，还有助于培养公民的法治素养，增强法律意识，使他们更好地行使自己的法律权益。此外，改革开放时期也加强了高校内部管理体制的改进。学校领导层逐渐形成了更加科学和规范的管理模式，加强了内部法治建设。学校制定了一系列法规和制度，明确了权责关系，保障了学校内部的公平和公正。学生的法律权益得到更好的保护，学校内部纠纷的解决也更加规范和公正。

尽管中国高校法治工作在改革开放时期取得了显著进展，但法学教育仍然存在一些问题。虽然法学专业得到了发展，但在一些高校中，法学课程的内容和教学质量仍然不够高。有些学生对法律知识的了解仍然相对薄弱，导致在法律实践中难以胜任。因此，需要加强法学教育的质量和深度，确保学生能够获得坚实的法律知识和实践能力。此外，法治观念的普及还需要更多的时间和努力。尽管在高校内部进行了一系列法治教育活动，但一些学生和教职员工对法治观念的认识仍然不够深刻，法治观念在社会中的普及还需要更多的宣传和教育工作。政府和高校应该继续加强法治教育，促进法治观念的深入人心。另外，高校内部管理仍然存在一些问题。一些学校领导仍然可能会滥用权力，导致不公正的决策和行为。学校内部的法规和制度有待进一步完善，确保权力的合理行使和学生权益的充分保护。此外，学校应该加强对于师生之间权利与义务的教育，培养更加法治意识的师生群体。[1]

高校法治工作需要与社会的法治建设相衔接。随着社会的不断发展，法治体系和法律法规不断完善，高校法治工作需要与之保持同步，确保学生能够及时了解和适应社会的法律变化，培养具有法治素养的人才。同时，高校应该积极参与社会公益法律事务，为社会法治建设贡献力量。

中国高校法治工作从早期探索阶段到改革开放时期的转折点，经历了长足的发展。尽管面临一些问题和挑战，但随着法律教育的改革、法治观念的普及和高校内部管理的改进，高校法治工作仍然有着广阔的发展空间。通过继续加强法学教育、法治观念的普及、高校内部管理的改进以及积极参与社会法治建设，中国高校可以更好地培养法治素养高的人才，为社会法治建设做出更大的贡献。

二、改革开放后的发展

自改革开放以来，中国的发展取得了巨大的成就，其中高等教育领域也经历了翻天覆地的变化。在这个时期内，随着法治国家观念的逐步深入，高校法治工作得到了极大的加强，特别是法律课程的普及和学生法律意识的提升成为其中的重要组成部分。

改革开放初期，中国高等教育体系主要依据苏联模式，法学专业的发展相对滞后。然而，随着改革的深入和国际交流的增加，中国高校逐渐认识到法律教育的重要性，开始着手加强法律课程的建设和普及。这一过程不仅涉及法学院的建设与发展，还包括其他学科领域对法律教育的需求和参与。通过引进国际先进的法律教育理念和教材，高校法学院开始培养更多优秀的法律人才，为中国法治建设提供了坚实的基础。

---

[1] 张七妹.社会治理共同体视域下高职院校依法治校研究［J］.哈尔滨职业技术学院学报，2023（6）：5-8.

法律课程的普及是高校法治工作的一个重要方面。改革开放初期，法律课程的设置相对有限，而且教学内容相对陈旧。然而，随着国家法治建设的推进，高校纷纷加大了法学课程的投入，增加了法学专业的开设数量，并且不断更新教材和教学方法。这些改进使得更多的学生有机会接触法律知识，增强了法律意识。与此同时，高校还积极开展法律实践教育，为学生提供了更加具体的法治体验。通过模拟法庭、法律实习和社会公益活动等形式，学生有机会了解法律的实际应用，培养了解决问题和思考法律问题的能力。这种实践教育不仅加强了学生的法律素养，还为他们的职业发展打下了坚实的基础。

除了法学专业的学生，高校还积极普及法律知识，提升全体学生的法律意识。这体现在多个方面，例如将法律课程纳入通识教育中，开设法律相关的选修课程，举办法律讲座和研讨会等。这些措施让非法学专业的学生也能够了解基本的法律知识，提高了他们在社会生活中的法律素养，增强了法治观念。此外，高校还加强了法律研究与学术交流，为法学研究提供了更广阔的平台。通过国内外学者的交流与合作，高校法学院不仅能够了解国际法律研究的前沿动态，还能够在国际学术界发挥更大的影响力。这种交流不仅有助于提高高校法学研究的水平，还有助于推动法律理论与实践的融合，为中国法治体系的建设提供了更多的智力支持。

除了高校自身的努力，政府也在推动高校法治工作方面发挥了重要作用。改革开放以来，中国政府明确了法治建设的战略地位，将法治教育作为一项重要任务。政府出台了一系列政策文件，明确了高校法治工作的指导思想和任务，鼓励高校加大法学教育的力度。同时，政府还提供了资金支持，用于法学院的建设和师资队伍的培养，为高校法治工作提供了坚实的保障。另外，政府还鼓励高校与社会机构合作，推动法学研究与实践的深度融合。通过与政府部门、律师事务所、企业等合作，高校法学院能够参与更多的实际法律案例，为法学研究提供更多的实践基础，也为学生提供了更多的实践机会。这种合作不仅有助于培养高素质的法律人才，还有助于解决社会实际问题，促进了法治建设的深入推进。

改革开放以来，随着法治国家观念的逐步深入，中国高校法治工作得到了显著加强。法律课程的普及和学生法律意识的提升成为其中的亮点。

高校不仅加大了法学教育的力度，还开展了丰富多样的法律实践教育，提供了更多的法治体验机会。政府的政策支持和鼓励合作也为高校法治工作提供了坚实的基础。这一系列举措不仅提高了法学教育的质量，还为中国法治建设提供了有力的人才和智力支持，推动了法治国家建设的进程。在未来，高校法治工作仍将继续发展壮大，为中国的法治进程贡献更多的力量。

三、21世纪的新变革

随着信息技术的迅猛发展和国际化教育的推广，高校法治工作进入了21世纪，面临着新的变革、新的特点和新的挑战。在这个时代，法治教育不再是单纯地传授法律知识，而是需要与新兴技术和国际化趋势相结合，以适应不断变化的社会环境。

一方面，网络法律问题成为高校法治工作的新特点之一。随着互联网的普及和数字化信息的大量产生，校园内涌现出了一系列与网络相关的法律挑战。学生们在虚拟世界中的互动和学术研究中，常常涉及知识产权、隐私保护、网络言论自由等方面的法律问题。高校不仅需要为学生提供基本的网络法律知识，还需要建立有效的法律宣传和培训机制，以帮助他们更好地理解和遵守相关法律规定。此外，高校也需要加强网络安全管理，防止网络犯罪和侵权行为对校园秩序和学术环境造成不良影响。

另一方面，国际学术交流中的法律问题也成为高校法治工作的重要内容。随着全球化的发展，高校之间的国际合作和学术交流日益频繁。然而，跨国合作和国际学术交流往往涉及复杂的法律问题，如知识产权保护、合同履行、学术不端行为等。高校需要为参与国际合作的教师和学生提供法律指导，确保他们在国际交流中不会因法律问题而受到损害。此外，高校还需要加强国际法律合规培训，以提高师生的法律意识和法律风险防范能力，避免因国际交流而引发的法律纠纷和争议。

面对这些新的特点和挑战，高校法治工作需要采取一系列措施来应对。

首先，高校需要加强法律教育的内容和方式创新。传统的法律教育已经无法满足学生对法律知识的需求，高校应该引入新的课程和教育模式，如网络法律、国际法律、法律伦理等，以提高学生的法律素养。同时，高校也应该积极利用信息技术，开发在线教育资源，为学生提供随时随地的法律学习机会。

其次，高校需要建立完善的法律咨询和支持体系。学生和教师在面对法律问题时，应该能够及时咨询到专业的法律意见。高校可以设立法律咨询中心或合作法律事务所，为校园内的法律疑问提供解答和指导。此外，高校还应该建立法律援助机构，为有法律争议的师生提供免费或低价的法律服务，确保他们的合法权益得到维护。另外，高校需要加强法律监管和风险防范。针对校园内的网络法律问题，高校应该建立健全的网络管理制度，监控网络使用情况，及时发现和处理网络违法行为。对于国际学术交流，高校可以与国际合作伙伴签订明确的合同和协议，明确双方的权利和义务，减少法律纠纷的发生。此外，高校还应该定期组织法律培训和演练，提高师生的法律意识和应对能力，增强法律风险防范的效果。

再次，高校需要加强法治文化的建设。法治文化是法治工作的重要基础，高校应该通过法治教育和宣传活动，培养学生的法治观念和法治精神。高校可以举办法治讲座、法律知识竞赛、法治主题活动等，吸引师生的参与，增强法治文化的传播力和影响力。同时，高校也应该树立法治典范，教育师生遵纪守法，培养守法意识和法律道德。

最后，高校需要与政府和社会各界加强合作。法治工作不仅仅是高校内部的事务，也涉及社会的法治建设和维护。高校应该积极与政府部门合作，参与社会法治活动，为法治建设贡献力量。与此同时，高校也可以与企业、法律机构、NGO等社会组织建立合作关系，共同推动法治教育和法治文化的传播，形成法治共建共享的良好局面。

进入21世纪，高校法治工作面临着新的特点和新的挑战，特别是网络法律问题和国际学术交流中的法律问题。高校需要采取一系列措施，包括法律教育的内容和方式创新、法律咨询和支持体系的建立、法律监管和风险防范的加强、法治文化的建设以及与政府和社会各界的合作，来应对这些挑战，确保高校内法治工作的顺利开展，为学生和教师提供安全、有序、法治的学习和工作环境。只有这样，高校才能更好地培养具有法治素养的优秀人才，为社会的法治建设和进步做出积极贡献。

四、未来趋势预测

高校法治工作的未来发展具有广泛而深远的前景，这涉及法律专业化教育的深入发展，以及法治理念在高校治理中的更广泛应用。这两个方面将共同塑造未来高校法治工作的面貌，推动其更加健康、全面的发展。未来高校法治工作将更加注重法律专业化教育的深入。随着社会的不断发展，法律领域的复杂性和多样性也在增加。因此，高校必须不断调整和改进法律教育的内容和方法，以适应这一新的挑战。在未来，我们可以预见以下几个方面的变化和趋势。

第一，法律课程将更加注重实践性。传统的法学教育往往偏重于理论知识的传授，但未来的法学教育将更加注重培养学生的实际操作能力。这意味着学生将有更多的机会参与模拟法庭、法律实习和法律研究项目，以锻炼他们的法律实践技能。这种实践性教育将有助于培养出更具竞争力的法律专业人才。第二，法学教育将更加注重跨学科的融合。未来的法律问题往往涉及多个领域的知识和技能，因此，法学教育将更加注重跨学科的融合。法学专业将与其他专业领域如商业、医学、工程等进行更多的合作，以培养出具有多领域背景的法律专业人才。这将有助于他们更好地理解和解决跨领域的法律问题。第三，未来的法学教育将更加注重国际化。随着全球化的深入，国际法律事务变得越来越重要。因此，高校法学专业将更加注重国际法律教育，培养具有国际视野和跨文化沟通能力的法律专业人才。这将有助于他们在国际法律领域取得更大的成就。

除了法律专业化教育的深入发展，未来高校法治工作还将更广泛地应用法治理念在高校治理中。法治理念强调法律的权威性和公平性，对于高校来说，它具有重要的指导意义。未来，高校将更加注重建立健全的法律制度和规章制度，以确保高校内部的管理和决策过程更加透明和公正。这将有助于防止腐败和不当行为的发生，维护高校的声誉和信誉。此外，高校还将更加注重保护学生和教职员工的合法权益，确保他们在高校内享有平等的机会和待遇。而高校将更加注重法治教育的普及。法治教育不仅仅是法学专业的学生的权利，它应该普及到所有高校的学生中。高校将通过设置法治课程、开展法治教育活动等方式，向所有学生传授法治理念和法律知识，培养他们的法治意识和法律素养。这将有助于建立一个更加法治的高校社会，促进高校的良好发展。此外，高校还将更加注重法治文化的建设。法治文化是一种价值观念，它强调法律的尊严和规则的尊重。高校将通过举办法治文化活动、组织法治主题的研讨会等方式，倡导法治文化，引导师生树立法治观念，积极参与法治建设。这将有助于高校的和谐发展，提高高校的社会声誉和影响力。

未来高校法治工作的发展趋势是多方面的，既包括法律专业化教育的深入发展，也包括法治理念在高校治理中的更广泛应用。这些趋势将有助于高校建设更加法治的社会环境，培养更多的法律专业人才，推动高校的健康发展。高校应积极响应这些趋势，不断改进法治工作的内容和方法，以适应未来的挑战和需求。只有这样，高校才能在法治建设中发挥更大的作用，为社会的发展和进步做出更大的贡献。

第三节　高校法治工作与国家法律体系的关联

一、法律政策的指导作用

法律政策的指导作用在高校法治工作中具有至关重要的地位。国家法律体系为高校提供了法律框架，规定了高校的基本法律地位和职责，明确了高校在社会中的法律地位。通过分析国家法律体系对高校法治工作的指导作用，可以更好地理解如何通过法律政策影响高校的日常管理和教育活动。

国家法律体系为高校提供了法律依据。高校作为社会中的特殊组织，其运营和管理需要遵循一系列法律法规。首先，国家法律体系中的法律文件明确规定了高校的法律地位、性质和职责，例如《中华人民共和国教育法》规定了高校的基本任务和职责，以及高校在国家教育体系中的地位。这些法律文件为高校提供了法律依据，指导高校开展各项活动，确保高校的合法性和合规性。其次，国家法律体系规范了高校的管理体制。高校作为教育机构，其内部管理涉及师生关系、财务管理、人事管理等多个方面。

最后，国家法律体系中的法律文件明确了高校的管理体制和管理程序，例如《中华人民共和国高等教育法》规定了高校的领导组织和管理机构设置，以及高校的经济管理和财务制度。这些法律规定为高校的管理提供了明确的指导，帮助高校建立健全的管理体制，提高管理效率和透明度。

国家法律体系规范了高校的教育活动。高校作为教育机构，其教育活动需要遵循一定的法律规定和标准。国家法律体系中的法律文件规定了高校的教育目标、教学内容、教学方法等方面的要求，例如《中华人民共和国教育法》规定了高校的教育任务和质量标准，以及高校的教学管理和评估制度。这些法律规定为高校的教育活动提供了指导，帮助高校保证教育质量和教育公平，促进学生全面发展。此外，国家法律体系还规范了高校的社会责任。高校不仅仅是教育机构，还承担着社会责任，需要积极参与社会建设和发展。国家法律体系中的法律文件鼓励高校参与科研创新、社会服务、文化传承等方面的活动，例如《中华人民共和国高等教育法》规定了高校的科研和社会服务职责，以及高校的文化传承和创新发展任务。这些法律规定为高校的社会责任提供了法律依据，鼓励高校积极参与社会建设，推动社会进步。

而且法治教育在高校中的地位和作用不可忽视，它是培养合格法治公民的重要环节。法治教育不仅是一种教育理念，更是一种社会责任和使命。下面将探讨法治教育在高校中的地位和作用，以及如何加强法治教育，培养合格的法治公民。

法治教育在高校中的地位和作用十分重要。高校不仅仅是知识传承和创新的源泉，更是培养未来社会精英和领袖的摇篮。法治教育作为一种重要的教育内容，有助于培养学生的法治意识、法治素养和法治思维，使他们能够更好地理解和遵守法律法规，积极参与社会事务，维护社会公平正义。法治教育不仅仅是一门学科，更是一种生活方式和社会责任的体现，它应该渗透到高校的各个层面和各个学科中，成为高校教育的重要组成部分。

法治教育在高校中的作用多重而深远。首先，法治教育有助于培养学生的法治意识。通过学习法律法规和法治理念，学生能够更好地认识到法律在社会中的重要性，明白法律是保障个人权益和社会秩序的基石。其次，法治教育有助于培养学生的法治素养。学生不仅需要了解法律，还需要具备运用法律知识解决问题的能力，以及判断和评估法律问题的能力。再次，法治教育有助于培养学生的法治思维。学生应该具备独立思考和分析法律问题的能力，能够理性讨论和辩论法律和社会问题，提出合理的观点和解决方案。最后，法治教育有助于培养学生的社会责任感。通过了解法律和法治，学生能够更好地认识到自己在社会中的责任和义务，积极参与社会事务，推动社会的进步和发展。[①]

为了加强法治教育，培养合格的法治公民，高校可以采取以下措施。首先，高校可以加强法治教育课程的设置和教学质量的提高。法治教育课程应该涵盖法律基础知识、法治理念和法治实践等方面内容，教学方法应多样化，注重培养学生的实际操作能力。其次，高校可以加强师资队伍建设，培养专业的法治教育师资力量。拥有丰富教学和实践经验的教师能够更好地传授法治知识和理念，激发学生的法治兴趣。再次，高校可以通过开展法治教育活动，提升学生的法治参与意识。组织法治知识竞赛、法律援助活动、模拟法庭等活动，让学生在实践中感受法治的重要性。最后，高校可以建立法治文化和法治氛围，让法治教育成为校园文化的一部分。鼓励学生积极参与社会实践和公益活动，培养他们的社会责任感和法治情感。

二、法律教育与国家法治建设

法治社会是现代社会的一个重要特征，它不仅体现了一个国家的法治程度，也关系到社会秩序的稳定和国家的长治久安。高校法律教育在国家法治建设中发挥着举足轻重的作用，特别是在培养法治人才和普及法律知识方面的重要性不可低估。

高校法律教育是培养法治人才的摇篮。法治人才是法治社会的中坚力量，他们不仅要具备扎实的法律知识和法律素养，还要具备良好的法律职业道德和法治思维能力。高校法律教育为培养这样的人才提供了重要平台。

---

① 刘祥国.高校管理与师生权益的保护[J].长春大学学报（社会科学版），2006，16（1）：94-97.

在高校法学专业，学生接受系统的法律课程培训，包括宪法、刑法、民法等各个领域的知识。他们在课堂上学习法律理论，了解法律制度，培养法律思维，提高法律素养。同时，高校法学专业还注重实践教育，如模拟法庭、法律实习等，使学生能够将理论知识应用到实际工作中，锻炼法律实践能力。这些培养过程不仅使学生成为合格的法律从业者，还培养出有法治观念的公民，他们将在社会各个领域中发挥重要作用，推动国家法治建设的不断深化。

高校法律教育是普及法律知识的重要途径。法律知识是每个公民都应该具备的基本素养，它不仅关系到个人的合法权益，还关系到社会的和谐稳定。高校法律教育在这方面的作用是多重的。高校法学专业为广大学生提供了接触法律知识的机会。不仅是法学专业的学生，其他专业的学生也可以选择法律课程，增加对法律的了解。高校法学专业的研究成果和法律普及活动，也为社会提供了法律知识的传播渠道。法学院的研究成果通过学术论文、法学期刊等途径传播给社会，为解决社会法律问题提供了理论支持。高校法学专业还经常组织法律普及活动，如法律讲座、法律咨询等，向社会公众普及法律知识，增强法律意识。通过这些方式，高校法律教育为社会普及法律知识发挥了积极作用，有助于构建一个法治社会，提高社会的法治素养。

高校法律教育在国家法治建设中的重要性不仅表现在培养法治人才和普及法律知识方面，还体现在法学研究和法治体制建设方面。高校法学专业是法学研究的重要力量，法学院的教授和研究人员在各个领域进行深入研究，为法治建设提供了理论支持。他们的研究成果不仅有助于解决具体法律问题，还有助于完善法律制度，推动法治进程。同时，高校法学专业也是法治体制建设的参与者和监督者。法学院可以通过举办研讨会、学术讲座等方式，为政府和司法机关提供政策建议和法律意见，促使法治体制的不断改进和完善。高校法律教育不仅是培养法治人才的摇篮，而且是法学研究和法治体制建设的重要力量，为国家法治建设提供了坚实的学术支持和智力支持。

此外，高校法律教育还有助于国际法治合作。在全球化背景下，国际法治合作变得日益重要，各国需要加强合作，应对跨国问题。高校法学专业也在国际法领域进行研究和交流，为国际法治合作提供了智力支持。高校法学院可以与国际法学院建立合作关系，开展联合研究项目，举办国际法律研讨会等，促进国际法治合作的深化。通过这种方式，高校法律教育不仅服务于国内法治建设，也有助于国际法治合作，为全球法治社会的构建贡献力量。

然而，高校法律教育也面临一些挑战和问题。首先，法学专业的教育质量和师资力量需要不断提升。法学是一门复杂的学科，要求教师具备高水平的法律知识和教育教学能力。但是，一些高校法学专业存在师资力量不足和教学资源匮乏的问题，导致教育质量参差不齐。其次，法学教育需要与社会实际需求相结合。法学教育应该紧密围绕国家法治建设的需要，培养适应社会发展的法律人才。然而，一些高校法学专业的课程设置和教育模式过于理论化，与社会实际需求脱节，导致毕业生面临就业难题。最后，法学教育也需要注重法治文化的培养，不仅要传授法律知识，还要培养法治思维和法治道德，提高学生的法治素养。但是，一些高校在法治文化方面的教育不够重视，导致学生的法治观念不够牢固。

为了解决这些问题，高校法律教育需要采取一系列措施。首先，高校应该加强法学专业的师资队伍建设，提高教师的法律水平和教育教学能力，确保教育质量。其次，高校应该调整课程设置，根据社会需求和行业发展，更新教材和教育模式，使法学教育更加贴近实际，提高毕业生的就业竞争力。最后，高校应该注重法治文化的培养，开展法治教育和法治实践活动，提高学生的法治观念和法治素养。同时，政府和社会应该加大对高校法律教育的支持和投入，提供更多的教育资源和研究资金，推动法学教育的不断发展和进步。

高校法律教育在国家法治建设中具有重要作用。它不仅是培养法治人才和普及法律知识的重要途径，还为法学研究和法治体制建设提供了学术支持和智力支持，有助于国内法治建设和国际法治合作。然而，高校法律教育也面临一些挑战和问题，需要高校、政府和社会共同努力，采取有效措施，不断提升教育质量，适应社会需求，培养具有法治思维和法治素养的法律人才，推动国家法治建设的不断深化和完善。只有这样，才能构建一个更加法治化的社会，保障国家的长治久安。

三、高校自身法规的制定与执行

高校自身法规的制定与执行在高等教育体系中扮演着至关重要的角色。高校是社会中的特殊组织，需要制定和执行一系列规章制度来确保其正常运行、高质量的教育和科研活动，以及维护校园秩序。本文将讨论高校如何在国家法律体系框架内制定和执行自身的规章制度，以及这些制度在高校治理中的作用。

高校的法规制定通常基于国家法律体系，这是因为高校作为公共机构，受到国家法律的约束和监管。高校的法规必须符合国家法律的要求，例如宪法、教育法和相关法律法规。这些国家法律为高校的存在和运行提供了法律基础，规定了高校的性质、任务和职责。高校必须依法制定自身的规章制度，以确保自身的合法性和合规性。这些规章制度可以涵盖高校的组织结构、教育教学、科研活动、学生管理、财务管理等各个方面。

而高校自身法规的制定过程通常是由高校内部的决策机构负责，例如校董事会、校务委员会或学术委员会。这些机构代表了高校内部的各个利益群体，包括教职员工、学生和校友等。在制定法规的过程中，高校通常会进行广泛的咨询和讨论，以确保各方的声音都被充分考虑。制定法规的过程应当透明和公开，以确保决策的合法性和合法性。此外，高校通常会聘请法律顾问或法务部门来协助制定法规，以确保其符合国家法律要求。[1]

一旦高校自身法规制定完成，执行就成了焦点问题。高校必须确保自身法规得到有效执行，以维护校园秩序和保障教育教学质量。为了实现这一目标，高校通常设立了内部管理机构，如纪律委员会、教务处、学生事务处等，负责监督和执行法规。这些机构负责处理违反法规的行为，采取相应的纪律措施，确保校园内的规则得以维护。

此外，高校还可以制定一些激励措施，鼓励师生遵守法规。例如，高校可以设立奖学金或荣誉称号，以奖励那些表现良好、遵守法规的师生。这种激励措施可以增强法规的执行力度，使师生自觉地遵守法规。而且高校自身法规在高校治理中发挥着重要的作用。它们有助于维护校园秩序。

---

[1] 徐兵.高校师生权利的法律保护研究[D].广东：华南理工大学，2010.

校园是一个复杂的社会环境，需要一定的规则和法规来保持秩序。高校的法规可以规定学生的行为准则，禁止违法和不当行为，确保校园的和谐与安宁。此外，高校的法规还可以规定师生的权利和义务，保障他们的合法权益。

高校的法规有助于保障教育教学质量。高等教育是高校的主要任务之一，而高质量的教育需要一定的规范和标准。高校的法规可以规定教学计划、教材选用、教学评估等方面的要求，确保教育教学的质量和水平。此外，法规还可以规定学术诚信和学术道德的要求，防止学术不端行为的发生，维护学术的公平和正义。另外，高校的法规还有助于保障师生的权益。高校是一个社会组织，师生都有自己的权益和利益，需要一定的法规来保护这些权益。高校的法规可以规定师生的权利和义务，明确他们的权益和责任，确保他们在高校内享有平等的机会和权益。此外，法规还可以规定师生的投诉和申诉程序，以便他们能够维护自己的权益和利益。

高校自身法规的制定与执行是高校治理的重要组成部分。它们不仅有助于维护校园秩序、保障教育教学质量，还有助于保障师生的权益。高校应当在国家法律体系的框架内制定和执行自身的法规，确保其合法性和合规性。同时，高校还需要不断改进法规制定和执行的机制，以适应社会和教育的发展变化。只有如此，高校才能更好地履行自身的使命和任务，为社会培养出更多的优秀人才。

四、高校法律纠纷处理机制

高校作为教育体系的一部分，不可避免地会面临各种法律纠纷，如师生纠纷、知识产权纠纷等。高校法律纠纷的处理机制对于维护校园秩序、保障师生权益及促进教育事业的发展具有至关重要的作用。同时，这些处理机制也必须与国家法律体系相衔接，以确保公平正义的实现。

师生纠纷是高校中常见的法律问题之一，包括教学方法、评分、学术争议等方面的纠纷。高校通常设立学术委员会或教育委员会，负责处理这类纠纷。这些委员会由学校内部成员组成，包括教授、学生代表和行政人员。他们通过听取双方的陈词和证据，进行调解、协商或者提出建议，以解决纠纷。这种内部机制的好处在于可以快速响应问题，但也可能面临利益冲突和不公平的情况。为此，师生可以向外部法律机构提起诉讼，以维护自身权益。

知识产权纠纷在高校中也相对较常见，主要涉及科研成果的知识产权、专利权、著作权等问题。高校通常会有知识产权办公室或法律顾问团队，负责处理这些问题。他们会帮助教职员工和学生了解知识产权法律的基本原则，协助他们申请专利或著作权，以及解决与其他机构或个人的知识产权争议。如果争议无法在校内解决，高校也会与国家知识产权局或法院合作，采取法律途径来保护知识产权。

与此同时，高校法律纠纷处理机制必须与国家法律体系相衔接，以确保公平正义的实现。高校内部的处理机制必须符合国家法律法规，不能违反法律原则。同时，高校也需要积极配合国家法律机构，提供相关证据和信息，以便法律机构能够更好地介入和解决纠纷。高校应该建立与法院、仲裁机构和其他法律机构的合作机制，确保法律纠纷可以在法律框架下得到妥善处理。

在处理法律纠纷时，高校也应该重视调解和协商。通过调解和协商，可以减少法律程序的复杂性和费用，同时也有助于维护校园和谐。高校可以设立专门的调解机构，培养专业的调解员，帮助师生解决纠纷。此外，高校还可以开展法律教育，提高师生的法律意识，以预防法律纠纷的发生。

高校法律纠纷处理机制是维护校园秩序、保障师生权益及促进教育事业发展的重要一环。这些机制包括内部委员会、知识产权办公室，以及与国家法律机构的合作，旨在解决师生纠纷和知识产权纠纷。同时，高校必须确保这些机制与国家法律体系相衔接，保障公平正义的实现。此外，调解和协商也是处理法律纠纷的重要手段，有助于减少法律纠纷的复杂性和费用，维护校园和谐。最终，高校应该重视法律教育，提高师生的法律意识，以预防法律纠纷的发生，为高等教育事业的健康发展提供有力保障。

第四节 当代高校法治工作的特点

一、国际化背景下的法治挑战

在当今全球化和国际交流日益频繁的背景下，高校法治工作面临前所未有的新挑战。这些挑战涉及各个层面，如跨国学术交流中的法律问题和国际学生管理中的法律事务。这些问题的复杂性和多样性对高校法治工作者提出了极大的考验。

随着高校之间的合作和学生的跨国流动不断增加，涉及知识产权、合同纠纷、学术不端、研究合作和国际课程等方面的法律问题也随之增多。例如，学术合作项目中的合同纠纷可能涉及多个国家的法律体系，使得解决争端变得复杂。知识产权问题也日益突出，特别是在研究合作中，各方如何保护自己的研究成果和知识产权权益成了一个复杂的问题。此外，学术不端问题也可能跨越国界，高校需要面对如何处理跨国学生在学术方面的不当行为。

国际学生管理中的法律事务也是一个重要挑战。随着国际学生数量的增加，高校需要处理签证、留学生权益、国际学生工作许可等一系列法律事务。签证问题可能涉及国际学生的入境、居留和工作许可，高校需要确保学生的签证状态合法，并且及时更新。国际学生的权益也是一个关键问题，包括住宿、学费、医疗保险等方面的权益需要得到保护。高校还需要遵守国际学生工作许可的法规，确保学生在校期间合法就业，这需要高校与政府部门之间的合作和沟通。此外，国际化背景下还存在文化差异和语言障碍，这加大了法治工作的复杂性。不同国家和地区的法律体系和法规差异巨大，高校需要了解并遵守各自的法律要求。同时，国际学生和教职员工之间的语言沟通问题也可能导致误解和纠纷，高校需要提供支持和资源来解决这些问题。在应对这些国际化背景下的法治挑战时，高校需要采取一系列措施来确保法律事务的顺利处理。高校需要建立专门的法律团队或委员会，负责处理国际学术交流和国际学生管理中的法律问题。这个团队应该由专业的法律顾问和国际事务专家组成，他们可以提供法律意见和指导，确保高校的行为合法合规。

高校需要加强与国际合作伙伴和政府部门之间的合作和沟通。在跨国学术交流中，与合作伙伴签订明确的合同和协议非常重要，以明确双方的权利和义务。高校还应积极与政府部门合作，确保国际学生的签证和工作许可问题得到妥善解决。而且高校需要提供培训和教育，以提高教职员工和学生对国际法律事务的意识和理解。这可以包括举办法律研讨会、提供在线资源和文档，以及设立法律咨询服务，以便有需要的人可以获得帮助和指导。此外，高校还应积极推动国际学生和本地学生之间的文化交流和理解，以减少文化差异带来的问题。这可以通过组织文化活动、提供跨文化培训和支持国际学生社区建设来实现。

国际化背景下的法治挑战是高校面临的一个重要问题。高校需要充分认识到这些挑战的复杂性和多样性，采取积极的措施来应对。通过建立专门的法律团队、加强与合作伙伴和政府部门的合作、提供培训和教育，以及促进文化交流，高校可以更好地处理国际法律事务，确保法治工作的顺利进行。这将有助于高校更好地融入国际化的教育环境，为学生和教职员工提供更好的法律支持和保障。

二、信息技术的影响

信息技术的迅速发展已经深刻地改变了各个领域，高校法治工作也不例外。互联网和数字化技术的普及已经在高校法治工作中带来了一系列的革命性变化，包括网络安全法律问题、知识产权的网络保护等方面。本文将探讨这些变化，并深入分析它们对高校法治工作的影响。

首先，互联网和数字化技术的普及使得高校在信息传播和管理方面更加高效。传统的文件传递方式已经被电子文档和在线通信工具所取代。学校管理部门可以轻松地通过电子邮件、云存储和在线协作平台来管理文件和信息，提高了工作效率。其次，学生和教职员工也能够更容易地获取和分享信息，促进了学校内部的信息流通。然而，随着信息技术的发展，网络安全问题也日益突出，高校面临着不断增加的网络攻击和数据泄露风险。学校必须采取措施来保护敏感信息和网络安全。这涉及制定和执行网络安全政策，培训员工和学生如何防范网络威胁，以及投资于先进的网络安全技术。最后，高校还需要与法律部门密切合作，以应对潜在的法律问题，例如数据泄露可能引发的法律诉讼。因此，信息技术的影响也在一定程度上促使高校法治工作更加关注网络安全法律问题。

在数字化时代，知识产权的保护变得更加复杂。高校经常涉及知识产权问题，包括教师和学生的研究成果、在线教育资源，以及与外部合作伙伴的合同。互联网的普及使得知识产权的侵权更加容易，因此高校必须采取措施来保护自己的知识产权。这包括制定明晰的知识产权政策，教育师生如何正确处理知识产权问题，以及积极维护和捍卫知识产权。与此同时，高校还需要了解相关的法律法规，以便在知识产权纠纷发生时能够有效维权。

信息技术的发展也改变了高校的教学和学习方式。在线教育和远程学习变得越来越普遍，尤其在面对突发状况时，如疫情暴发。这使得高校需要审查和更新法律政策，以适应新的教育模式。这涉及在线课程内容的知识产权问题、学生隐私的保护、在线教育平台的合同管理。高校还需要与学生和教职员工合作，确保他们了解在线教育中的法律责任和权利。信息技术的影响扩展到了高校的教育领域，需要法治工作人员密切关注并适应这些变化。

信息技术的普及为高校的管理提供了更多数据和信息。学校可以收集和分析大量的学生和教职员工数据，以改进管理决策和服务。然而，这也带来了隐私和数据保护的重要问题。高校必须确保他们遵守适用的隐私法律，保护学生和员工的个人信息。同时，高校还需要考虑如何使用这些数据以提高学生体验和教学质量，同时保护个人隐私。因此，信息技术的影响使高校法治工作需要更加关注隐私和数据保护等法律问题。此外，信息技术的影响还延伸到了高校的社交媒体和在线宣传活动。学校使用社交媒体来吸引潜在学生，与校友和社区互动，以及传达重要信息。这就涉及了言论自由和虚假信息传播的法律问题。高校必须确保他们的社交媒体活动遵守适用的法律法规，同时维护良好的声誉。信息技术的普及也使得高校需要更加关注网络谣言和虚假信息的传播，以防止不实信息对学校的声誉和形象造成损害。

信息技术的迅速发展已经深刻地改变了高校法治工作的方式。互联网和数字化技术使高校更加高效地管理信息，但也带来了网络安全和知识产权的挑战。在线教育和远程学习模式的普及也需要高校审查和更新法律政策。管理大量的数据和信息为高校提供了更多的决策支持，但也引发了隐私和数据保护的问题。社交媒体和在线宣传活动也需要高校法治工作人员密切关注言论自由和虚假信息传播的法律问题。综上所述，信息技术的影响已经使高校法治工作变得更加复杂和多样化，需要不断更新和适应新的挑战。

三、综合治理模式的发展

高校法治工作的发展历程中，从单一的法律遵循向综合治理模式的转变是一项重要的转型。这个转变是在高校法治工作逐渐深入发展的过程中逐渐形成的，旨在更全面、更系统地推动法治建设，以应对日益复杂的校园环境和法律挑战。

综合治理模式是指将法律、行政、教育、心理等多方面的手段和资源有机结合，共同推动校园法治建设的一种工作模式。这一模式强调法治工作不仅仅是简单地遵守法律法规，更是要通过全面的治理手段，实现高校社会治理的全面、持续、协同发展。

在过去，高校法治工作主要侧重于法律的遵循。这意味着高校会制定一系列法规和规定，强调师生员工必须遵守，违者将受到相应的处罚。虽然这种模式在一定程度上确保了校园秩序的维护，但它过于单一，忽略了高校内部复杂的社会关系和问题。因此，逐渐出现了综合治理模式的需求。而综合治理模式的发展有以下几个关键方面。

1. 法律与行政的结合：综合治理模式强调法律与行政手段的有机结合。高校不仅需要建立健全的法律法规，还需要建立高效的行政管理机制。这包括明确的法律责任和管理程序，以确保法治规则的有效执行。同时，高校还需要建立反腐败、监督、问责等制度，以保障行政决策的公正和透明。

2. 教育与法治的融合：高校法治工作的综合治理模式强调法治教育的重要性。不仅需要在校园中开设法律课程，还需要通过各种途径，如法律宣传、法治文化建设、法律知识普及等，培养师生的法治意识和法治素养。这样可以提高整个校园社群对法律的理解和尊重，减少违法行为的发生。

3. *心理与法治的结合*：综合治理模式强调心理健康与法治建设的相互关联。高校应关注师生员工的心理健康问题，提供心理咨询和支持服务，以减少校园暴力、欺凌等问题的发生。同时，也要加强对违法行为背后的心理因素的研究和干预，以更好地预防和处理相关问题。

4. *社会与法治的互动*：综合治理模式将高校与社会的互动纳入法治建设的考虑范围。高校不是一个封闭的社会体系，而是与社会密切相关的一部分。高校应积极与社会各界建立联系，借鉴社会治理的经验和模式，共同解决校园法治问题。同时，高校也应加强对社会法治环境的研究，为社会提供法治建设的经验和智力支持。

5. *综合指标与绩效评估*：为了确保综合治理模式的有效实施，高校需要建立相应的综合指标和绩效评估体系。这些指标可以包括法治文化的建设情况、法治教育的实施效果、法律法规的遵守情况、校园治安状况等多个方面。通过定期的绩效评估，高校可以及时发现问题，采取针对性的措施，不断完善综合治理模式。

高校法治工作从单一的法律遵循向综合治理模式的转变是一个必然的趋势。这一转变不仅有助于更全面、更有效地推动法治建设，也有助于更好地应对校园内部和外部的各种法律挑战和社会问题。综合治理模式强调法治工作的全面性和系统性，需要高校在组织结构、管理机制、教育体系等多个方面进行深刻的改革和创新，以适应新时代法治建设的需求。只有不断推进综合治理模式，高校才能在法治建设中发挥更大的作用，为培养更优秀的人才和更健康的社会做出更大的贡献。高校法治工作的发展历程中，从单一的法律遵循向综合治理模式的转变是一项重要的转型。这个转变是在高校法治工作逐渐深入发展的过程中逐渐形成的，旨在更全面、更系统地推动法治建设，以应对日益复杂的校园环境和法律挑战。

四、法律服务和支持体系的完善

现代高校在全球范围内扮演着关键的角色，不仅为学生提供了知识和技能的培养，还承担了塑造未来领袖和社会责任感的使命。然而，高校社区也面临着各种法律问题和挑战，涉及学生权益、学术自由、知识产权、劳工法等等。因此，建立完善的法律服务和支持体系对于现代高校至关重要。

第一，法律咨询服务在高校中应得到充分发展和完善。这意味着高校需要设立专门的法律咨询中心，提供全面的法律咨询和支持，以帮助学生、教职员工和校园组织解决法律问题。这个中心可以由合格的法律专业人员、律师和法律顾问组成，他们可以就学术争议、纪律问题、合同纠纷等问题提供专业的建议和指导。此外，这个中心还可以定期举办法律讲座和研讨会，以提高校园社区对法律问题的认识和理解。

第二，法律教育活动应该被纳入高校的课程和校园生活中。高校应该鼓励学生参加法律教育课程，了解基本的法律知识和法律体系。这不仅有助于提高学生的法律素养，还可以帮助他们更好地应对法律问题和挑战。此外，高校还可以举办模拟法庭比赛、辩论赛和法律俱乐部等活动，为学生提供实践机会，锻炼他们的法律技能和解决问题的能力。

第三，法律实践和实习机会对于高校学生来说也是至关重要的。高校应该与法律界建立紧密的合作关系，为学生提供实际的法律实习机会。这些实习可以在律师事务所、法院、公司法务部等部门进行，让学生亲身体验法律工作的真实情况，学习如何应对不同的法律问题。此外，高校还可以为学生提供法律援助机会，让他们参与社区法律服务项目，为需要帮助的人提供法律支持。

除了以上提到的三个方面，高校还需要建立起一套完善的法律政策和程序，以确保校园内的法律事务能够顺利处理，如明确的纪律规定、学术诚信政策、知识产权保护措施，等等。高校应该确保这些政策和程序公平、透明，并且能够得到全体校园社区成员的理解和遵守。此外，高校还需要建立有效的争议解决机制，以便快速、公正地解决法律纠纷和争议。

在建立完善的法律服务和支持体系时，高校还需要考虑到不同群体的需求。例如，国际学生可能会面临特殊的移民法律问题，残疾学生可能需要额外的支持来满足他们的特殊需求。因此，高校应该针对不同群体制定个性化法律服务计划，以确保所有学生都能够享受到平等的法律支持。另外，高校还可以通过建立法律合规团队来加强法律服务和支持。这个团队

第一章　高校法治工作的概念与发展

可以由校内的法律专业人员、律师和法律顾问组成，负责监督校园内的法律事务，制定法律政策，提供法律培训，并确保校园内的法律问题得到妥善处理。这个团队还可以与校园安全部门、学生事务办公室和其他相关部门合作，以确保全面的法律服务和支持。高校还应该积极参与社会法律改革和社会责任活动。通过与社区合作，高校可以为社会提供法律服务和支持，解决社会问题，同时也培养出具备社会责任感的学生。高校可以设立社区法律服务中心，为有需要的人提供法律援助，推动社会正义和法治。这不仅有益于高校的声誉，还有助于培养学生的社会责任感和公民意识。

建立完善的法律服务和支持体系对于现代高校来说至关重要。这不仅有助于解决校园内的法律问题和挑战，还可以培养出具备法律素养和社会责任感的学生，为社会法治和社会正义做出贡献。高校应该致力于建立综合的法律服务体系，如法律咨询服务、法律教育活动、法律实践和实习机会等，以确保校园内的法律事务得到妥善处理，同时也为学生的全面发展提供支持。这不仅有助于高校的长远发展，也有助于社会的进步和法治的健全。

第二章
师生权益的法律基础

在现代教育体系中,师生权益不仅是维持教育秩序和促进教育公正的基石,也是推动教育进步和实现教育目标的关键因素。在本章中,我们将从多个角度切入,探讨师生权益的定义、法律地位,以及如何通过法律手段保障这些权益。

在第一节中,我们聚焦于师生权益的定义及其在法律体系中的地位。在这部分,我们不仅阐述了师生权益的基本内涵,还探讨了它们在现代法律体系中所占据的位置和作用。在第二节中,我们转向教育法对师生权益的保护机制,探索教育法如何成为维护师生合法权益的强有力工具。这不仅涉及教育法的具体条款和应用,也涵盖了教育法在实际操作中的效果和局限。在第三节中,我们将聚焦于劳动法在教师权益保护中的应用。教师作为教育过程中的关键参与者,他们的权益保护同样显得至关重要。这部分将探讨劳动法如何为教师提供保障,包括工作条件、薪酬保障、职业发展等方面。学生,作为教育活动的直接受益者,他们的权益保护同样不容忽视。第四节将详细探讨保障学生权益的法律规定,涵盖了学生的学习权、参与权、表达权等多个方面,以及这些权益在实际教育环境中的运用和挑战。

通过这一章的深入分析,我们旨在为读者提供一个全面而深刻的视角,来理解和评估现代教育体系中师生权益的法律基础。我们希望能够通过这些讨论,促进对教育法律框架的理解,进而推动一个更加公正、高效的教育环境的建立。在数智时代的背景下,这种对法律保护机制的深入探讨,无疑对于促进教育的数字化转型,保障教育过程中各方权益具有重要的现实意义。

第二章　师生权益的法律基础

第一节　师生权益的定义及其法律地位

一、师生权益的基本概念

师生权益，是指在教育体系中，教育者和学习者之间的权利与义务、自由和利益的关系。它涵盖了广泛的领域，包括教育的质量、平等、自由、尊重、公平以及双方的参与权利。这个概念的重要性在于它直接影响着教育体系的公平性、效果和可持续性。

第一，师生权益的基本范畴包括了教育者和学习者的权利和义务。教育者有责任提供高质量的教育，确保学习者获得必要的知识和技能。而学习者则有权要求获得高质量的教育，包括适应其需求的教育内容和方法。教育者和学习者之间的权利和义务应该在平衡中，以确保教育的公平性和有效性。第二，师生权益也包括了教育的自由和尊重。教育者应该有自由选择教学方法和内容，以便满足学习者的需求和教育目标。第三，学习者也应该受到尊重，他们的观点、文化和背景应该得到认可和尊重。这有助于创造一个开放、多元和包容的教育环境，促进学习者的积极参与和自我发展。

此外，师生权益的重要性不容忽视。首先，它直接关系到教育的质量。只有在教育者和学习者之间的权益得到充分尊重和平衡时，教育才能够真正有效。教育者应该有权利选择最适合他们的教育方法，而学习者应该有权要求获得高质量的教育。这样的平衡有助于提高教育的质量，促进学习者的学习成果。其次，师生权益也直接关系到教育的可持续性。如果教育者的权益受到侵犯，他们可能会失去动力和热情，无法有效地传授知识和技能。同样，如果学习者的权益受到侵犯，他们可能会失去兴趣和动力，无法积极参与学习。因此，维护师生权益对于教育体系的可持续性至关重要。

教育是社会进步的关键因素之一，只有在教育中实现师生权益的平衡，才能够促进社会的公平和包容。如果一些群体的师生权益受到侵犯，他们可能会在教育中受到不公平待遇,可能导致一些社会矛盾。因此,维护师生权益有助于促进社会的公平和发展。然而,要维护师生权益并不是一件容易的事情。教育体系中存在许多潜在的挑战和障碍,可能会影响到师生权益的平衡。首先,资源不足可能会导致师生权益的侵犯。教育者可能因为缺乏必要的教育资源而无法提供高质量的教育,学习者可能因为资源不足而无法获得充分的学习机会。因此,政府和社会应该投入足够的资源来支持教育,确保每个人都能够受益于高质量的教育。其次,文化差异和社会偏见也可能影响到师生权益的平衡。教育者和学习者可能因为不同的文化背景、观点和信仰而产生冲突。在这种情况下,教育者和学习者应该学会相互尊重和理解,创造一个开放和包容的教育环境。教育体系也应该提供培训和支持,帮助教育者更好地应对文化差异和社会偏见。最后,政策和法律的不足也可能导致师生权益的侵犯。如果没有明确的政策和法律来保护师生权益,教育者和学习者可能无法有效地维权。因此,政府应该制定并执行相关政策和法律,确保师生权益得到充分维护。

维护师生权益是一个复杂的任务,需要政府、教育机构、教育者和学习者共同努力。政府应该提供足够的资源和政策支持,教育机构应该创造一个平等、尊重和公平的教育环境,教育者和学习者应该相互尊重和理解,共同致力于提高教育的质量和公平性。只有在师生权益得到充分保护和维护的情况下,教育才能够真正发挥其潜力,促进社会的公平和发展。师生权益是教育体系中的基本概念,它对于教育的质量、可持续性和社会的公平和发展都具有重要意义。

二、法律地位的历史演变

师生权益的法律地位在历史上经历了多次演变,这些变化不仅反映了社会文化因素的影响,也直接关系到教育制度的演进和社会的发展。接下来,我们将深入探讨师生权益在历史上的法律地位变化,并分析这些变化背后的社会文化因素。在古代社会,师生关系常常被视为师傅与徒弟之间的私人契约,没有明确的法律规定。师傅在教育中拥有绝对的权威,学生必须遵守师傅的教导,而师傅也负有照顾和教育学生的责任。这种传统的师生关系在中国古代尤为突出,被认为是一种师道尊严的体现。然而,这种关系也存在滥用权利和不公平对待学生的可能性，因为没有法律约束。

随着社会的不断发展，尤其是近代教育制度的兴起，师生关系的法律地位开始发生变化。19世纪末和20世纪初，许多国家开始建立现代的教育法律体系，其中包括规定了师生权益的法律法规。这些法律赋予了学生一定的权利，保护他们免受不公对待。同时，教育工作者也受到了法律的保护，以确保他们能够履行教育职责而不受恶意投诉的困扰。然而，师生权益的法律地位并不是一成不变的。在不同的历史时期和文化背景下，这些法律可能会发生变化。

教育法律体系逐渐强调学生的参与权和自主权，鼓励他们在教育过程中发表意见并参与决策。这种变化反映了社会文化中对于个人权利和自由的更大重视，以及对于教育公平性的更高追求。

另一个重要的法律变化是关于性别平等和反歧视的法律。在过去，教育领域常常存在性别不平等和歧视问题。女性学生和教育工作者在某些情况下受到不公平待遇。然而，随着性别平等运动的兴起，各国相继通过法律来保护女性在教育领域的权益。这包括禁止性别歧视、确保女性平等参与教育、提供平等的机会等方面的法律措施。

在师生权益的法律地位变化背后，社会文化因素起着至关重要的作用。一方面，社会对于教育的重视和需求不断增加，这促使政府出台更多法律来规范和保护教育制度。另一方面，社会价值观的变化也影响了法律的制定和执行。例如，对于个体权利、平等和多元化的重视在一定程度上塑造了现代教育法律的基调。此外，教育制度本身的演进也对师生权益的法律地位产生了影响。现代教育制度更加复杂和多元化，包括了不同类型的学校和教育机构，涵盖了各个年龄段的学生。这使得教育法律不仅需要关注传统的师生关系，还需要考虑到新兴的教育形式和新的权益问题，如在线教育和特殊教育需求等。

师生权益的法律地位在历史上经历了多次演变，反映了社会文化因素的变化和教育制度的发展。这种演变涵盖了师生关系的权利分配、性别平等、反歧视、个体权利等多个方面。社会对于教育的需求和价值观的变化，以及教育制度本身的演进，都影响了相关法律的制定和执行。在国际层面，国际法律框架也为不同国家之间的合作提供了基础。师生权益的法律地位在不断发展，以适应不断变化的社会和教育需求。这一演变是为了确保教育体系的公平性、质量和可持续性，以及保护教育工作者和学生的权益。

三、国际视角中的师生权益

在全球范围内，师生权益一直是教育领域的重要关注点。不同国家和地区对师生权益的看法和法律地位存在显著差异，这反映了各国文化、法律体系和教育理念的多样性。美国强调个体权利和自由，这一理念也贯穿于教育体系。在美国，学生被视为拥有自己的权利，包括言论自由、宗教自由和个人隐私。教育机构必须尊重学生的权利，同时也要确保校园的安全和秩序。此外，美国的教育法律体系非常复杂，各州都有自己的教育法规。这导致了在不同州之间存在着一些差异，例如学生纪律政策和校园安全标准。

而在欧洲，不同国家有不同的法律体系和教育理念，因此师生权益的看法也有所不同。例如，北欧国家强调教育的平等性和包容性，鼓励学生参与决策并提供广泛的福利支持。而南欧国家可能更强调传统的教育价值观念和纪律，对师生之间的权利平衡有不同的看法。欧洲联盟也制定了一些共同的教育政策，以确保在欧洲范围内保护师生权益。总体而言，欧洲国家在师生权益方面存在一定的差异，但都致力于平衡师生之间的权利和义务。

澳大利亚是另一个有趣的例子，该国在师生权益方面强调了法治和公平。澳大利亚的教育体系在各州和领地之间有一定的差异，但都受到联邦法律的监管。澳大利亚的教育法规强调学生的权利，包括平等待遇、反歧视和言论自由。此外，澳大利亚还设立了独立的教育监管机构，负责监督和保护师生权益，确保学校和教育机构遵守法律。

需要注意的是，不同国家和地区的师生权益看法和法律地位的差异可以追溯到各自的文化、历史和社会背景。

在国际视角下，师生权益的不同看法和法律地位也引发了一些讨论和争议。一方面，强调个体权利和自由的国家可能认为，学生应该有更多的自主权，包括言论自由和个人隐私的保护。这些国家可能认为，过度的监管和限制可能损害学生的发展和创造力。另一方面，强调集体主义和社会稳定的国家可能认为，强化纪律和集体责任对于维护校园秩序和社会和谐至关重要。这些国家可能认为，个体权利应该在一定程度上受到限制，以确保集体利益和社会稳定。然而，师生权益的平衡并不是一个简单的问题，无论在哪个国家，都存在一些挑战和困难。

为了解决这些挑战，各国都在不断努力改进自己的教育体系和法律框架。例如，美国的一些州制定了更加明确的学生权益法规，以平衡个体权利和校园安全。欧洲联盟通过制定共同的教育政策，促进不同国家之间的经验交流和合作，以提高师生权益的保护水平。澳大利亚则通过设立独立的监管机构，确保教育机构遵守法律。我国也在加强对学生权益的保护，鼓励学校更加注重学生的个性发展。

在国际视角下，师生权益是一个复杂且多层次的问题。不同国家和地区对师生权益的看法受到各种因素的影响，包括文化、历史和社会背景。尽管存在差异和挑战，但各国都在努力寻找平衡，以确保教育体系既能保护师生的权利，又能维护校园秩序和社会和谐。通过不断改进法律框架和教育政策，各国都希望为师生权益的保护做出更好的贡献，促进教育的公平和可持续发展。

第二节 教育法对师生权益的保护

一、教育法的基本原则

教育法的基本原则在塑造一个公平、公正、和谐的教育环境中起着至关重要的作用。这些原则不仅关系到师生的权益，还关系到整个社会的未来发展。在本节中，我们将探讨教育法中与师生权益相关的基本原则，以及这些原则在教育体系中的实际应用。

首先，教育法强调了平等原则。平等原则要求教育机构不得因性别、种族、宗教、残疾或其他类别的差异而歧视师生。这意味着无论他们的背景如何，每个人都有平等的权利获得教育。平等原则还包括对特殊群体的特殊关照，以确保他们能够平等地参与教育过程。这一原则的目的是消除不平等，促进多元文化和多元性的发展，使每个人都有机会充分激发自己的潜力。其次，教育法强调了教育的普及性原则。普及性原则要求政府和教育机构确保每个人都有机会接受教育，不论他们的经济状况如何。这包括提供免费或廉价的教育，以及提供奖学金和贷款等方式来支持贫困学生。普及性原则的目标是消除社会经济地位对教育机会的影响，确保每个人都有平等的机会追求教育。最后，教育法强调了教育的质量原则。质量原则要求教育机构提供高质量的教育，确保学生能够获得必要的知识和技能。这包括拥有合格的教育师资、先进的教育设施和教育资源的合理分配。质量原则的目标是提高教育的水平，确保学生毕业后能够胜任各种职业和社会角色。

除此之外，教育法还强调了参与原则。参与原则要求师生、家长和社区成员参与教育决策和管理。这意味着教育机构应该建立合适的机制来听取各方的意见和建议，确保教育政策和实践能够反映社会的需求和期望。参与原则的目标是建立一个民主的教育体系，增强教育的可持续性和社会接受度。而多样性原则要求教育机构尊重和促进不同文化、语言和价值观的发展。这包括提供多样性的教育内容和教材，以及培养跨文化的理解和尊重。多样性原则的目标是建立一个包容性的教育环境，培养全球公民和跨文化的交流。而且教育法强调了责任原则。责任原则要求教育机构和相关方对教育质量和效果承担责任，确保资源得到有效利用，教育目标得到实现。这也包括对不当行为和腐败行为的惩治机制，以保护师生的权益。责任原则的目标是提高教育的透明度和效率，确保教育体系的可持续发展。[1]

教育法的基本原则是构建一个公平、公正、和谐、多元化、质量高、自由度大、普及性强的教育体系。这些原则不仅关系到师生的权益，还关系到整个社会的未来发展。只有在这些原则的指导下，我们才能够建立一个教育体系，培养出有知识、有创造力、有社会责任感的公民，为社会的进步和繁荣做出积极贡献。因此，教育法的基本原则应该得到充分的尊重和遵守，以确保教育的公平和质量。同时，社会各界也应该积极参与教育

---

[1] 湛中乐. 大学法治与权益保护［M］. 北京：中国法制出版社，2011.

改革，共同努力落实这些原则，为教育事业的发展做出贡献。只有这样，我们才能够实现教育的真正意义，为社会的进步和繁荣做出更大的贡献。

二、教育法中的师生权益保护

教育是社会发展的重要组成部分，而师生关系则是教育过程中的核心。为了确保教育的公平、公正和质量，各国都制定了教育法律法规，其中包括保护师生权益的相关条款。本文将详细探讨教育法中的师生权益保护，包括具体的法律条款和政策规定。

教育法中的师生权益保护始于对教育公平的重视。教育法通常规定了师生之间的权利和义务，以确保教育过程的公平性和公正性。例如，在美国，《障碍者教育法》（IDEA）确保了残疾学生接受合适的教育，包括提供个性化的教育计划。这一法案还规定了家长和学生的权利，包括参与教育计划的制定和评估，以及对不公平对待的投诉渠道。类似的保护措施也在其他国家的教育法中得以体现，以确保师生之间的平等权益。

教育法还着重保护教育工作者的权益。在美国，《劳工标准法》（FLSA）规定了教师的工作时间、加班工资等权益，以保障他们的劳动权。此外，教育法还要求学校提供安全的工作环境，确保教育工作者不受歧视或骚扰。这些规定旨在鼓励优秀人才从事教育工作，提高教育质量。

教育法也关注学生的权益保护。一项典型的例子是在美国的《校园欺凌防止与惩治法》（SSEA）中，明确规定了学生拥有安全教育环境的权利。这项法律要求学校采取措施来防止欺凌行为，确保学生的身心健康。此外，还规定了学生在学术方面的权益，包括提供高质量的教育资源，确保低收入学生和少数族裔学生的平等权益。

另一个重要的师生权益保护领域是言论自由。在很多国家的教育法中，都规定了学生和教育工作者的言论自由权利。这意味着他们可以自由表达自己的意见和观点，不会受到校方的不当干预。然而，这个权利通常受到一定限制，不能侵犯他人的权益或破坏教育过程的正常秩序。

教育法还强调了家长和监护人的权益。家长通常被视为学生的第一位教育者，因此教育法往往规定了家长对子女教育的权利和义务。这包括了家长参与学校决策的机会，以及获取关于子女教育进展的信息的权利。如果家长认为学校没有履行其教育责任，他们也有权利对学校提出投诉。此外，教育法还涉及师生之间的互动和沟通。教育法通常要求学校建立有效的教育沟通机制，确保教育工作者和学生之间的互动。这可以通过家长会议、学生代表大会等方式来实现。这些机制有助于改善师生关系，促进更好的教育成果。

教育法还关注了教育资源的公平分配。在一些国家，教育法规定了政府应该提供足够的教育资源，以满足学生的需求，无论他们的背景如何。这包括了公立学校的资金分配、教育设施的建设和维护等方面的规定。教育资源的公平分配有助于减少教育不平等，确保每个学生都有平等的机会接受高质量的教育。此外，教育法还强调了教育过程的透明度和问责制。学校和教育机构通常需要定期报告其教育成果和资金使用情况，以便政府和社会监督。这有助于确保教育资源得到有效利用，学生的权益得到保护，教育机构遵守法规。

教育法中的师生权益保护是为了确保教育的公平、公正和高质量。这些法律条款和政策规定涵盖了教育各个方面，从学生的安全和言论自由到教育资源的分配和教育机构的透明度。这些保护措施的目标是创造一个有利于学生成长和教育工作者工作的环境，从而促进社会的发展和进步。教育是一个关乎国家未来的重要领域，教育法中的师生权益保护不仅关系到个体的权益，也关系到整个社会的稳定和繁荣。因此，各国都应该重视并不断完善教育法律法规，以确保教育能够更好地服务于社会和个体的发展。

三、政策与实践的对比

教育法作为一种规范体系，其在理论层面的构建往往是理想化的，旨在为教育实践提供指导和框架。然而，当这些法律和政策在实际教育环境中得以实施时，它们往往会遇到一系列的挑战和变化，这些挑战和变化源于多种因素，包括但不限于社会文化背景、经济条件、政治环境及教育本身的复杂性。

教育法在理论上的构建通常基于对教育公平、效率和质量的追求。这些法律和政策旨在确保所有学生无论他们的社会经济背景如何，都能获得

第二章 师生权益的法律基础

平等的教育机会。理论上，教育法还强调对教育资源的合理分配，以及对教育过程和结果的质量控制。例如，教育法律可能规定所有学校必须遵守特定的教学标准，或者所有学生都应该接受某种程度的基础教育。然而，在实践中，这些理论上的目标往往难以完全实现。首先，教育资源的分配在现实中往往受到地区经济发展水平的影响。在经济较为落后的地区，学校可能缺乏足够的资金来提供高质量的教育，这直接影响了教育公平的实现。其次，教育政策的实施过程中可能会受到各种社会、文化和政治因素的影响。例如，某些教育改革可能会遭到特定利益集团的反对，或者在不同文化背景下的接受程度不同，这些都可能导致教育法在实践中的偏离。[1]

而教育法在实际应用中还面临着解释和执行的挑战。法律和政策的文字往往需要在特定情境中解释，而不同的利益相关者可能会有不同的解释。这种解释上的差异可能导致教育法的执行出现偏差。例如，对于教育质量的评估标准，不同的学校和教师可能会有不同的理解和实践方式，这可能导致教育结果的差异。同时，教育法律的执行还需要依赖于教育系统内部的监督和评估机制，这些机制的有效性在很大程度上决定了法律和政策的实际影响。

进一步地，教育法在实践中的应用还受到教育者和学习者的主观因素影响。教师的教学方法、态度和专业能力在很大程度上影响了教育法的实施效果。同时，学生的学习动机、家庭背景和个人特质也会影响他们接受教育的方式和效果。这些因素的多样性和复杂性使得教育法在实践中的应用呈现出高度的个体差异性和不可预测性。此外，教育法的实施还需要考虑到技术和时代的变迁。随着信息技术的发展，教育方式和手段正在发生深刻的变化。这要求教育法不仅要适应传统的教育模式，还要能够应对新兴的在线教育、远程教学等新形式。这种快速变化的环境对教育法的灵活性和适应性提出了更高的要求。

教育法在理论和实践中的应用差异是由多种因素造成的。这些因素包括资源分配的不均、社会文化和政治环境的影响、法律解释和执行的复杂

---

[1] 李爱珍.依法治校背景下高校师生法律关系研究［D］.江西：江西师范大学，2009.

性、教育者和学习者的主观因素，以及技术和时代变迁的挑战。这些差异不仅揭示了教育法在实际应用中的局限性，也反映了教育系统本身的复杂性和多样性。

在理论上，教育法往往试图通过统一的规范和标准来实现教育的公平、效率和质量。然而，这种统一性在实践中往往难以实现。不同地区、学校甚至个别教师和学生的具体情况都可能导致教育法的实施出现差异。例如，一项旨在提高教学质量的政策，在资源充足的学校可能轻松实施，而在资源匮乏的学校则可能难以达到预期效果。此外，教育法的制定和实施过程中还需要考虑到各种利益相关者的声音和需求。教师、学生、家长、教育行政部门及社会各界都对教育有着不同的期望和要求。这些不同的声音和需求在教育法的制定和实施过程中可能产生冲突，导致法律和政策难以满足所有人的需求。因此，教育法在实践中的应用需要灵活性和适应性。这要求教育决策者不仅要考虑法律和政策的理论基础，还要关注其在具体教育环境中的实际效果。这可能意味着在不同的教育环境中采取不同的实施策略，甚至对教育法进行适时的调整和修订。

总之，教育法在理论和实践中的应用差异是一个复杂的现象，涉及多方面的因素。理解这些差异不仅有助于更好地实施教育法，也有助于提升教育系统的整体效能。通过不断的学习、适应和改进，教育法可以更有效地服务于教育的目标，为构建更加公平、高效和高质量的教育体系做出贡献。

四、改进方向的探索

教育法作为一种社会法律规范，其核心目的在于为教育活动提供法律保障，同时维护师生的合法权益。然而，在现实操作中，教育法往往面临着种种挑战，这些挑战不仅来自法律本身的不完善，还包括教育体制的复杂性、师生关系的多元化，以及社会价值观的快速变迁。

教育法在保护师生权益方面的一个重要改进方向是加强法律的明确性和可操作性。当前的教育法律往往过于笼统和原则性，缺乏针对性和细致性的规定。例如，在师生权益保护方面，法律应当明确规定教师的教学自由、学术自由，以及学生的学习权、表达权等。这些权利的具体内容、实现方式，以及在权利冲突时的处理原则，都需要在法律中得到明确。此外，对于教育过程中可能出现的各种问题，如学生欺凌、教师职业道德失范等，法律也应提供明确的处理框架和操作指南。

而随着科技的发展和教育模式的创新，传统的教育法律体系面临着前所未有的挑战。例如，网络教育的兴起对教育法提出了新的要求，如何在虚拟教学环境中保护学生的个人信息安全、如何规范在线教学的质量和教师的行为，都是亟待解决的问题。此外，随着国际交流的加深，跨国教育活动日益频繁，这也要求教育法在国际视野下进行完善，以适应全球化背景下的教育需求。但是教育法在保护师生权益方面还应加强对教育公平的关注。教育公平是现代教育法律体系的一个重要组成部分，它关乎每一个学生的学习机会和教育资源的均衡分配。在现实中，由于地区、经济、文化等多种因素的影响，教育资源分配往往存在不平衡现象，这直接影响到学生的教育权利和发展机会。因此，教育法应当加强对教育资源均衡配置的规定，确保每个学生都能在公平的环境中接受教育。同时，对于特殊群体，如残疾学生、少数民族学生等，教育法还应提供特别的保护和支持措施，确保他们能够享有平等的教育机会。

此外，教育法在保护师生权益方面还需要强化法律的执行力度。法律的制定只是第一步，如何确保法律得到有效执行，是保障师生权益的关键。这需要建立健全的教育法律监督机制，加强对教育活动的监管，确保教育法律规定得到实际落实。同时，还需要完善教育法律纠纷的解决机制，为师生提供便捷、高效的法律救济途径。这不仅包括司法途径，还应包括行政调解、专业仲裁等多元化的纠纷解决方式。而教育法在保护师生权益方面还应加强法律意识的普及教育。许多教育法律问题的产生，源于师生对自身权利和义务认识的不足。因此，加强对师生的法律教育，提高他们的法律意识，是预防和解决教育法律问题的重要手段。这不仅可以通过学校教育来实现，还可以借助媒体、网络等多种渠道，普及教育法律知识，提升社会对教育法重要性的认识。

教育法在保护师生权益方面的改进方向是多方面的。这不仅包括加强法律的明确性和可操作性，适应现代教育环境的变化，强化对教育公平的关注，还包括强化法律的执行力度和普及法律意识教育。这些改进措施的实施，需要政府、教育机构、法律界及社会各界的共同努力。通过这些努力，可以构建一个更加公正、高效、适应时代发展的教育法律体系，从而更好地保护师生的合法权益，促进教育事业的健康发展。在加强法律的明确性和可操作性方面，需要对现有的教育法律进行细化和完善。这包括对师生权利和义务的具体界定，对教育活动中可能出现的各种问题提供明确的法律指引。例如，可以通过制定更加详尽的教师职业行为准则和学生行为规范，来明确双方在教育活动中的权利和义务。同时，还需要对教育法律中的模糊地带进行澄清，减少法律实施中的歧义和争议。而在适应现代教育环境的变化方面，教育法需要不断更新，以适应新兴的教育形式和技术的发展。例如，针对在线教育的兴起，教育法应当明确网络教学的质量标准、教师和学生的网络行为规范，以及网络环境下的信息安全和隐私保护等问题。此外，教育法还应关注国际教育交流中的法律问题，如学生和教师的跨国权益保护，以及国际教育合作中的法律责任分配等。

第三节　劳动法在教师权益保护中的应用

一、教师劳动合同的法律要求

在当今社会，教师作为教育的主要承担者，他们的劳动合同自然受到了广泛的关注。教师劳动合同不仅是一份法律文件，更是确保教师权益和职业发展的重要保障。在这份合同中，有几个关键条款是必不可少的，它们共同构成了教师职业生涯的法律框架。

首先，工作时间的规定是教师劳动合同中的核心内容之一。这不仅涉及教师的日常教学时间，还包括课外辅导、备课、评估学生作业，以及参与学校活动等。在这个条款中，需要明确教师的工作时间安排，包括每周的工作天数、每天的工作小时数，以及是否有固定的休息日。此外，对于加班的规定也应当明确，比如加班时间的计算方式、加班费的支付标准等。这些规定不仅保障了教师的休息时间，也为教师提供了一个清晰的工作时间框架，有助于他们更好地安排个人和职业生活。

其次，薪酬和福利的条款是教师劳动合同中另一个至关重要的部分。薪酬不仅是教师工作的直接报酬，也是对其专业技能和教学贡献的认可。合同中应详细列出教师的基本工资，包括工资的支付方式和支付时间。除此之外，还应包括任何额外补贴，如住房补贴、交通补贴等。福利方面，教师应享有的健康保险、退休金计划、带薪休假等也应在合同中有所体现。这些福利不仅体现了学校对教师福祉的重视，也是吸引和保留优秀教师的重要因素。

再次，除了工作时间和薪酬福利，教师劳动合同中还应包括职责和职位描述。这一部分详细阐述了教师的日常工作职责，包括教学、辅导、参与学校管理和活动等。职位描述不仅帮助教师明确自己的工作范围，也为教师的职业发展提供了指导。例如，合同中可能会明确教师需要参与的课程设计、教学研究、学生评估方法等。这些内容有助于教师理解自己的角色和期望，同时也为学校管理层提供了评估教师工作表现的依据。

最后，教师劳动合同还应涵盖职业发展和培训机会。教育行业不断进步，教师需要不断更新自己的知识和技能以适应新的教学方法和技术。因此，合同中应包含关于教师专业发展的条款，如参加研讨会、进修课程、获得进一步教育的机会等。这些条款不仅有助于教师个人职业成长，也能提升学校的教学质量。此外，教师劳动合同中还应包括关于合同期限、续签条件、终止条件的条款。这些内容对于确保双方权益至关重要。合同期限条款明确了合同的有效期，续签条件则涉及教师继续受雇于学校所需满足的条件。至于合同的终止，应明确规定合同解除的条件，包括教师的自愿离职、合同到期不续签，以及因违反学校规定或法律法规而被解雇的情况。这些条款的明确，有助于避免未来可能出现的法律纠纷。

教师劳动合同中还应考虑到一些特殊情况的处理方式，比如疾病、急事请假、孕产假及其他个人休假的安排。这些条款的存在，是对教师在特殊情况下权益的保障。例如，合同中应明确规定教师因病请假的程序、所需提交的医疗证明，以及病假期间的工资支付情况。对于孕产假，合同应依据相关法律规定，明确教师享有的休假天数和休假期间的工资待遇。这些细节规定，不仅体现了学校对教师个人生活的尊重和支持，也有助于维护教师的工作热情和忠诚度。

在教师劳动合同的制定过程中，还需要注意合同的法律效力和合规性。合同中的所有条款都应符合当地的劳动法律法规。这意味着在制定合同条款时，学校需要与法律顾问合作，确保合同内容不仅符合教育行业的标准，也遵守劳动法的相关规定。例如，关于工作时间、薪酬、休假等方面的规定，都不能违反最长工作时间、最低工资标准等法律规定。此外，合同中还应包含争议解决的机制，比如在出现劳动争议时，双方应如何协商解决，需要通过什么样的程序来处理这些争议。

教师劳动合同是一份综合性的法律文件，它不仅涉及教师的工作时间、薪酬福利、职责和职位描述，还包括了职业发展、合同期限、特殊情况处理及法律合规性等多个方面。这份合同的目的是为了确保教师能在一个公平、安全、有利于职业发展的环境中工作，同时也保护学校的利益和教育质量。

二、工作环境与健康安全标准

在当今社会，教师的工作环境和健康安全标准受到了广泛关注。劳动法在确保教师的工作环境符合健康和安全标准方面发挥着至关重要的作用。教师不仅是传授知识的使者，也是塑造未来社会的重要人物。因此，保障他们的工作环境安全，不仅是对个人的尊重，也是对教育事业的投资。

劳动法通过设定一系列的规范和标准，为教师提供了一个安全、健康的工作环境。这些法律规定涵盖了从物理环境到心理健康的各个方面。例如，法律要求学校必须提供足够的照明和适宜的温度，以确保教师在教学过程中的舒适和效率。此外，教室和办公室的空间布局也需符合安全标准，以防止意外事故的发生。在一些国家和地区，劳动法还规定学校必须定期进行建筑安全检查，以确保教学楼的结构安全。除了物理环境，劳动法还关注教师的心理健康。教师的工作压力往往被忽视，但这是一个严重的问题。长期的工作压力可能导致职业倦怠，甚至更严重的心理健康问题。因此，劳动法规定学校必须为教师提供足够的支持，包括职业发展、心理咨询和适当的休息时间。这些措施有助于减轻教师的工作压力，提高他们的职业满意度和工作效率。

在教师的健康和安全方面，劳动法还特别强调了职业健康和安全培训的重要性。教师需要了解如何在紧急情况下保护自己和学生的安全，例如在火灾或其他紧急情况下的疏散程序。此外，教师还应该接受有关如何识别和处理学生健康问题的培训，特别是在体育和实验室等特殊环境中。这种培训不仅提高了教师应对突发事件的能力，也增强了他们在日常教学中维护健康和安全的意识。

劳动法还关注教师工作时间的合理安排。过长的工作时间会对教师的身心健康产生负面影响，因此，法律通常规定了教师的最大工作小时数和最低休息时间。这些规定旨在防止过度工作，确保教师有足够的时间进行休息和个人生活，从而保持良好的工作生活平衡。此外，对于需要加班的情况，劳动法通常也会有相应的加班补偿政策，以确保教师的劳动权益得到合理保护。

在实施这些健康和安全标准时，劳动法还强调了监督和执行的重要性。通常，教育部门或相关政府机构会负责监督学校是否遵守这些法律规定。这包括定期的检查和评估，以确保学校的设施和管理符合法律要求。如果发现问题，学校可能会被要求进行改进，并在必要时接受处罚。此外，劳动法还鼓励教师参与到工作环境的改善中来。这意味着教师可以通过工会或其他代表机构，参与到学校健康和安全政策的制定和实施中。这种参与不仅提高了政策的有效性，也增强了教师对自己工作环境的控制感和满意度。

劳动法在确保教师的工作环境符合健康和安全标准方面发挥着关键作用。通过设定明确的标准，提供必要的支持和培训，以及确保这些标准得到有效执行，劳动法保护了教师的身心健康，提高了他们的工作质量和生活质量。这不仅对教师个人有益，也对整个教育系统和社会产生了积极影响。在这个过程中，劳动法的角色不仅仅是制定规则和惩罚违规者。更重要的是，它通过提供一个框架，鼓励所有相关方——包括学校管理层、教师、学生和家长——共同努力，创造一个更安全、更健康的教育环境。这种集体努力是确保教师工作环境符合健康和安全标准的关键。

三、解决劳资纠纷的法律途径

在教师职业生涯中，遇到劳资纠纷是一种常见现象。这些纠纷可能涉及薪酬、工作条件、合同解除等多个方面。在这种情况下，了解和依赖法律程序和机构是至关重要的。劳动纠纷的解决通常涉及一系列复杂的法律程序，这些程序旨在保护教师的权益，同时也确保雇主的合法权益得到尊重。

当教师面临劳资纠纷时，首先应考虑的是与雇主进行直接沟通。这是解决问题的最直接和最快捷的方式。在许多情况下，纠纷源于沟通不畅或误解。因此，通过开放和诚实的对话，双方可以澄清误解，找到满意的解决方案。如果直接沟通无法解决问题，教师可以考虑采取法律途径。

法律途径的第一步通常是寻求法律咨询。教师可以咨询专业的劳动法律师，了解自己的权利和义务，以及可能的法律行动。法律顾问能够提供专业的意见，帮助教师理解复杂的法律条款和程序。此外，律师还可以帮助教师准备必要的文件和证据，以支持他们的案件。

如果问题仍然无法解决，教师可以向劳动争议调解委员会提交申诉。这些委员会专门处理劳动纠纷，旨在通过调解解决争议。调解是一个非正式的解决争议的过程，其中一个中立的第三方（调解员）帮助双方达成共识。调解过程是保密的，旨在为双方提供一个安全的环境，以便他们可以开放地讨论问题并寻找解决方案。如果调解成功，双方将签署一份协议，该协议具有法律约束力。如果调解失败，教师可以将案件提交劳动仲裁委员会。劳动仲裁是一种更正式的解决劳资纠纷的方法，通常在调解无法达成协议时采用。在仲裁过程中，仲裁员或仲裁委员会将听取双方的陈述和证据，然后做出决定。仲裁的决定具有法律约束力，双方都必须遵守。仲裁过程比法院诉讼更快，成本也相对较低，但它仍然提供了一个正式的法律解决方案。

而诉讼是解决劳资纠纷的最终手段，通常在其他所有途径都已尝试且失败时采用。在诉讼过程中，法院将审理案件，并根据法律规定做出最终判决。诉讼过程可能既耗时又昂贵，因此通常被视为最后的手段。

除了上述法律途径外，教师还可以寻求工会或专业组织的帮助。这些组织通常对劳动法有深入的了解，并能提供有关权利和最佳行动方案的建议。工会还可以在与雇主的谈判中代表教师，提供额外的支持和资源。在解决劳资纠纷的过程中，教师应该保存与雇主的所有通信、会议记录、合同文档、工资单等相关记录。这些记录可能在法律程序中起到关键作用，帮助证明教师的立场。同时，保持专业和冷静的态度对于解决纠纷至关重要。尽管面对劳资纠纷可能感到沮丧和压力，但保持冷静和专业可以帮助更有效地解决问题。

当教师面临劳资纠纷时，他们有多种法律途径可供选择。从直接沟通到法律咨询，从调解到仲裁，再到最终的诉讼，每一步都旨在帮助解决纠纷，保护教师的权利。同时，寻求工会或专业组织的支持也是解决这些问题的重要途径。重要的是，教师应该了解自己的权利，并采取适当的行动来维护这些权利。通过这些法律程序和机构的支持，教师可以更有效地应对劳资纠纷，确保自己的权益得到公正的处理。

在整个过程中，教师应当意识到，每一种解决劳资纠纷的方法都有其优势和局限性。例如，直接沟通虽然快速且成本较低，但可能无法解决复杂或根深蒂固的问题；调解和仲裁提供了更正式的解决方案，但可能需要更多的时间和资源；而诉讼则是最正式的途径，它提供了法律的最终裁决，但同时也是最耗时、最昂贵的选项。因此，在选择适当的途径时，教师需要权衡各种因素，包括纠纷的性质、解决纠纷的紧迫性、可用资源和可能的后果。此外，教师在处理劳资纠纷时还应考虑到个人的情感和心理健康。面对劳资纠纷可能会引起压力和焦虑，因此寻求心理支持和咨询也是重要的。这不仅有助于教师保持清晰的思维，也有助于他们在整个过程中保持平衡和专注。

四、职业发展与终身教育的法律支持

在当今社会，教师的职业发展和终身教育已成为教育体系中不可或缺的一部分。法律在这一过程中扮演着至关重要的角色，它不仅为教师的持续成长提供了坚实的保障，还确保了教师能够在职业生涯中不断进步和更新知识。法律支持教师职业发展和终身教育的方式多种多样，包括确保教师接受继续教育和培训的权利，以及为教师提供必要的资源和环境。

法律通过确保教师有权接受继续教育和培训，为教师的职业发展奠定了基础。这意味着教师可以通过参加各种培训课程和研讨会来更新和扩展他们的知识和技能。首先，这些法律规定通常要求教育机构为教师提供定期的专业发展机会，以确保他们能够跟上教育领域的最新发展。例如，一些国家的教育法律规定，教师必须在一定周期内完成一定数量的专业发展课程，以保持他们的教师资格。其次，法律通过为教师提供必要的资源和环境来支持他们的终身学习。这包括为教师提供访问专业文献、参与研究项目及与同行交流的机会。通过这些资源，教师可以不断地探索新的教学方法和理论，从而提高他们的教学质量。再次，一些法律还规定教育机构必须为教师提供适当的时间和空间来进行个人和专业的发展，这可能包括减少教学负担或提供研究假期。法律还确保教师在职业发展过程中得到公平对待。这意味着在提供继续教育和培训机会时，教育机构必须确保所有教师都能平等地获得这些机会，无论他们的性别、年龄、种族或其他社会身份。这种法律保护有助于创造一个更加包容和多元化的教育环境，其中每位教师都有机会发展自己的职业生涯和提高教学技能。最后，法律还鼓励和支持教师参与决策过程，特别是那些与他们的专业发展和终身教育相关的决策。这种参与不仅提高了教师的职业满意度，还使他们能够直接影响和改善他们的工作环境和教育质量。通过这种方式，教师成为教育改革和发展的积极参与者，而不仅仅是被动的接受者。

法律对教师终身教育的支持还体现在为教师提供学习和发展的财政支持上。许多国家和地区的教育法规定，教育机构或政府部门应为教师参加培训和进修课程提供必要的资金支持。这种财政援助可以减轻教师在追求专业发展时的经济负担，使他们能够更加专注于提升自己的教学和专业技能。法律还强调了教师终身学习的重要性，通过制定相关政策和标准来推动教育质量的提升。例如，一些法律规定教师必须定期参加评估和认证，以确保他们的教学方法和知识水平符合当前的教育标准。这种评估不仅关注教师的知识和技能，还包括他们的教学方法和对学生学习成果的影响。通过这种方式，法律确保教师的终身教育不仅仅是一种形式，而是真正能够提高教学质量和学生学习成果的实质性活动。

在支持教师职业发展和终身教育的过程中，法律还强调了合作与伙伴关系的重要性。这包括鼓励教育机构与高等教育机构、专业组织和行业伙伴合作，共同开发和提供针对教师的专业发展和继续教育课程。通过这种合作，教师能够获得更广泛的资源和支持，同时也能够与其他教育专业人士交流和学习，从而促进知识和经验的共享。法律对教师终身教育的支持还体现在对教育技术的应用和整合方面。随着科技的发展，数字学习和在

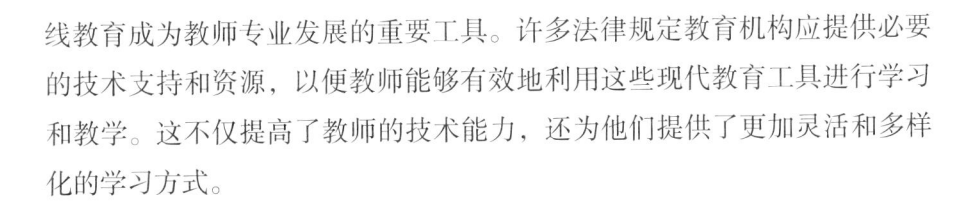

线教育成为教师专业发展的重要工具。许多法律规定教育机构应提供必要的技术支持和资源，以便教师能够有效地利用这些现代教育工具进行学习和教学。这不仅提高了教师的技术能力，还为他们提供了更加灵活和多样化的学习方式。

第四节 学生权益保护中的相关法律规定

一、学生权益的定义与重要性

学生权益，是指学生在教育环境中享有的一系列基本权利。这一话题在现代教育中愈发重要，因为它涉及学生的教育体验和未来的发展。首先，学生权益包括接受教育的权利。每个学生都有权接受高质量的教育，不论他们来自哪个社会阶层、种族、宗教信仰或国家。这一权利旨在确保每个人都有平等的机会去学习和成长，不受歧视或不公平对待。其次，学生权益包括在安全和健康的环境中学习的权利。学校和教育机构应该提供一个安全的学习环境，以确保学生的身体和心理健康得到充分保护。这包括防止欺凌和暴力行为，提供心理健康支持，以及确保校园设施的安全性。再次，学生权益还涵盖了表达意见的自由。学生应该有权表达他们的观点、看法和意见，而不会受到惩罚或报复。这鼓励了学生积极参与学术和社交讨论，促进了他们的思维和表达能力的发展。最后，学生权益也包括个人隐私和尊严的保护。学生的个人信息应该得到妥善保护，不被滥用或泄露。每个学生都有权受到尊重和尊严对待，无论他们的背景如何。

学生权益的重要性不仅仅体现在学术方面，还包括身心健康、社交互动和个人发展等多个方面。一个尊重和保护学生权益的教育环境对学生的全面发展起着至关重要的作用。首先，保护学生权益有助于促进学生的身心健康。当学生在一个安全和支持的环境中学习时，他们更有可能保持身体健康，减轻心理压力，并建立积极的自我形象。这对于他们的学业成绩和未来的成功至关重要。其次，尊重学生权益有助于促进社交互动。一个充满尊重和平等的学校环境能够鼓励学生积极参与社交活动，建立友谊和合作关系。这不仅有助于他们的社交技能的发展，还有助于培养他们的团队合作和沟通能力。最后，保护学生权益还有助于促进个人发展。学生应该有机会探索自己的兴趣和才能，发展他们的创造力和独立思考能力。一个支持学生发声和追求个人目标的环境将激发他们的潜力，使他们更有信心去追求自己的梦想和目标。在教育领域，实现教育公平一直是一个关键目标。这意味着确保所有学生都享有平等的教育机会，无论他们的背景如何。这是保护学生权益的一部分，因为如果某些学生被剥夺了平等的机会，他们将面临教育不公平的风险。

教育公平的核心理念是，每个学生都应该有平等的机会去发挥他们的潜力。这意味着教育资源和支持应该根据学生的需求分配，而不是基于他们的社会地位或其他因素。这可以通过提供额外的支持和资源来帮助那些面临挑战的学生，以确保他们不被落下。

教育公平还包括减少教育差距。这意味着学校和政府应该采取措施，确保低收入家庭和少数族裔学生有平等的机会获得高质量的教育。这可能涉及提供奖学金、减免学费、提供额外的学习资源和支持，以及推动反歧视政策。当学生的权益得到充分保障时，他们更有可能积极参与学习过程。这不仅有助于学生个人的发展，还直接提高了教育的整体质量。

首先，一个支持学生表达意见的环境有助于激发学生的创造力和批判性思维。学生被鼓励提出问题、挑战观点，这有助于他们发展独立思考和分析问题的能力。这种自由的学术氛围有助于培养下一代的思维领袖和创新者。其次，尊重学生权益有助于促进知识的深入理解和应用。当学生感到安全和受尊重时，他们更有动力去深入研究课程内容，积极参与讨论，从而更好地理解和应用所学知识。这有助于提高教育的质量，培养出更具才华和创造力的学生。最后，一个鼓励学生积极参与学习过程的环境将有助于建立积极的学习文化。学生将更有可能互相合作，分享知识和经验，从而创造一个更富有创意和活力的学习社区。这有助于提高学生的整体学习体验，为他们的未来发展打下坚实的基础。[①]

---

① 赵文雯.高校管理与学生权益保护的研究与对策[J].中文科技期刊数据库（全文版）社会科学，2022（5）：4-7.

学生权益是现代教育中不可或缺的一部分。保护学生的基本权利有助于促进他们的全面发展，确保教育公平，提高教育的整体质量。一个支持学生表达意见和发展创造力的环境将有助于培养出有独立思考能力、知识渊博和富有创新精神的未来领袖。因此，我们应该始终重视并致力于保护学生权益，以建立更加公平和繁荣的教育体系。

二、教育权的法律保障

教育是每个人的基本权利，无论年龄、性别、种族、经济状况或其他背景因素如何。在现代社会中，教育不仅仅是获取知识和技能的手段，更是推动社会进步和个人发展的关键。因此，确保每个学生能够平等地接受教育是一个至关重要的目标。

教育权的基本概念是每个人享有接受教育的权利，这包括了获得基本教育、中等教育和高等教育的机会。教育权不仅仅是知识和技能的获取，还包括了培养个体的创造力、思维能力和社会责任感。教育权的核心理念在于确保每个人都有平等的机会，不受歧视，能够充分发挥自己的潜力。这个权利被普遍认为是一个基本的人权，被包括在国际法和国内法律体系中。

保障学生教育权的法律和条款在不同国家和地区可能有所不同，但它们都旨在确保每个学生能够平等接受教育。义务教育法是许多国家都制定的法律，规定了每个儿童必须接受一定程度的教育，并明确了教育的义务。这个法律通常规定了教育的起始年龄、学制和内容，确保儿童能够获得基本的教育。

《中华人民共和国高等教育法》也是保障教育权的重要法律之一。它规定了高等教育的机会应该对所有合格的学生开放，不受种族、性别或经济状况的限制。高等教育法还可以规定学费政策和奖学金制度，以确保经济状况较差的学生也能够获得高等教育的机会。除了这些基本法律外，还有许多国际和国内法规，旨在保护学生免受歧视，并确保他们能够获得质量高、平等的教育。这些法律可能包括反歧视法、特殊教育法和教育机构的管理法规等。

教育权的法律保障不仅仅关注学生的获得教育的权利，还包括了确保教育的质量和平等。教育机构必须遵守法律规定的标准，以确保学生能够接受高质量的教育。同时，这些法律也禁止任何形式的歧视，无论是基于性别、种族、宗教、残疾还是其他因素。

教育权的法律保障是确保每个学生都能够平等接受教育的关键。这些法律不仅保护学生的权利，还促进了社会的发展和进步，因为教育是培养人才、提高生活质量和推动社会变革的重要工具。无论在国际层面还是国内层面，教育权的法律保障都应该得到充分的重视和实施，以确保每个人都能够实现他们的教育梦想。

三、学生个人安全与健康权益

在当今社会，学生的个人安全与健康权益日益受到重视，这不仅是教育和法律领域的一个重要议题，更是整个社会关注的焦点。保护学生的个人安全和健康，不仅是维护其基本人权的体现，也是确保教育质量和社会稳定的关键。在这一背景下，各国纷纷出台了一系列法律条款，旨在为学生提供一个安全、健康的学习环境。

校园安全法规的制定和实施成为保障学生安全的基石。这些法规通常包括了对校园内外潜在危险的预防措施、紧急情况的应对程序及对校园暴力事件的严格处理机制。例如，许多学校都设立了校园警察或安全人员，以监控校园内的安全状况，并及时响应任何紧急事件。此外，学校还定期进行安全演习，确保学生和教职员工在面对火灾、地震等紧急情况时能够迅速而有序地疏散。这些措施在很大程度上提高了校园的安全水平，减少了安全事故的发生。

反欺凌政策则是另一个重要领域。欺凌行为长期以来一直是困扰学校的一个严重问题，它不仅影响受害者的身心健康，还可能导致长期的心理创伤。因此，许多国家和地区都制定了严格的反欺凌法律，要求学校采取有效措施预防和应对欺凌行为。这些措施包括但不限于：建立明确的报告和处理欺凌事件的程序、对学生进行反欺凌教育、为受害者提供心理支持等。通过这些措施，学校能够为学生创造一个更加安全和包容的学习环境。

而心理健康支持是近年来越来越受到关注的领域。随着社会对心理健康问题的认识不断提高，越来越多的学校开始重视学生的心理健康。这包括设立校园心理咨询中心、提供专业的心理咨询服务、开展心理健康教育等。这些措施不仅帮助学生应对学习压力、人际关系问题等常见的心理困扰，也为那些遭受严重心理问题困扰的学生提供了必要的支持。通过这些支持，学生能够更好地应对生活中的挑战，促进其整体的身心健康。

除了上述法律条款和政策外，学校和教育机构在保护学生身心健康方面的责任和义务也不容忽视。教育机构不仅要在物理安全上保护学生，还要在心理和情感上为学生提供支持。这意味着学校需要建立一个全面的支持系统，包括但不限于提供健康和营养的餐饮服务、开展体育活动和运动项目，以及实施全面的性教育和社交技能培训。这些措施有助于学生发展健康的生活习惯，增强身体素质，同时也促进了他们的社交能力和情感健康。

在实际应用中，这些法律规定和政策的效果受到多方面因素的影响。首先，法律的执行力度和学校的合规性是关键。一些学校可能因资源有限或管理不善而难以完全执行这些规定。因此，政府和相关机构需要对学校的执行情况进行监督和评估，确保法律和政策得到有效实施。其次，家庭和社区的参与也至关重要。家长和社区成员应积极参与学校活动，与学校合作，共同为学生创造一个安全和支持的环境。最后，对于那些遭受欺凌、心理健康问题或其他困难的学生，需要提供个性化和细致的关怀和支持。

保护学生的个人安全和健康是一个复杂而多维的任务，它要求法律、学校、家庭和社区的共同努力。通过制定和执行合理的法律条款，提供全面的支持和服务，以及建立有效的合作机制。

四、隐私权和言论自由

在当今社会，隐私权和言论自由是两个极为重要的议题，尤其是在教育环境中。学生在校园内的隐私权和言论自由受到法律的保护，但同时也面临着一系列的挑战和限制。学生在校园内的隐私权是一个复杂而微妙的问题。隐私权通常被理解为个人信息的保护，包括学生的个人资料、通信记录和在线活动等。在多数国家和地区，有关保护个人信息的法律规定了收集、使用和分享这些信息的条件和限制。例如，欧盟的通用数据保护条例（GDPR）严格规定了个人数据的处理方式，要求数据的处理必须公正、合法且透明。在美国，家庭教育权利和隐私法（FERPA）保护学生的教育记录不被无授权的披露。这些法律为学生提供了一定程度的保护，确保他们的个人信息不会被滥用。

然而，隐私权的保护并非绝对。在某些情况下，学校可能需要侵犯学生的隐私以确保校园的安全和秩序。例如，学校可能需要监控学生的网络活动以预防网络欺凌或其他不当行为，或者在怀疑学生违反校规时检查学生的个人物品。这些行为虽然在一定程度上侵犯了学生的隐私权，但在法律上通常被视为合理的限制，因为它们是为了保护更大的学生群体的安全和福祉。

言论自由是另一个在校园环境中极为重要的权利。在许多国家，言论自由被视为基本人权，受到宪法的保护。学生在校园内表达自己的观点和信仰通常受到保护，这不仅有助于个人的自我发展，也促进了学术自由和创新思维的发展。学生可以通过各种方式表达自己的意见，如参与辩论、撰写校报文章或在社交媒体上发表评论。然而，学生的言论自由也不是无限的。学校有责任维护一个安全和稳定的学习环境，因此可能会限制那些可能引起骚乱、威胁他人安全或被视为仇恨言论的表达。例如，针对种族、性别或宗教的侮辱性言论通常不会受到保护。此外，学校也可能对学生在校园内的抗议活动施加限制，以防止干扰教学活动或危及校园安全。在保护学生隐私权和鼓励言论自由之间找到平衡点是一个挑战。一方面，学校需要保护学生免受个人信息泄露和滥用的伤害；另一方面，也需要创造一个开放和自由的环境，让学生能够自由地表达自己的观点和信仰。这需要学校制定明确的政策和指导原则，既要考虑到学生的权利，也要考虑到学校的责任和义务。

为了平衡这两方面的需求，学校可以采取多种措施。首先，学校应当制定清晰的隐私政策，明确哪些信息可以被收集，以及如何使用和保护这些信息。这些政策应当遵循相关的法律规定，并且要定期更新以应对不断变化的技术和法律环境。其次，学校应当教育学生关于隐私权和言论自由的重要性，帮助他们理解这些权利的界限和责任。通过教育，学生可以更好地保护自己的隐私，同时也学会尊重他人的权利和观点。在言论自由方面，学校应当鼓励开放和尊重的讨论氛围。这可以通过组织辩论会、讲座和研讨会等活动来实现。同时，学校也应当明确界定什么样的言论是不可接受的，比如仇恨言论和煽动性言论。这些规定应当公平且一致地应用于所有学生，以确保校园环境的安全和稳定。

学校在维护校园秩序和安全时，应当尽量避免侵犯学生的隐私权和言论自由。这意味着学校在采取任何可能影响学生权利的措施时，都需要进行仔细地考虑和评估。例如，在监控学生的网络活动时，学校应当确保监控的范围和程度是合理和必要的。在处理学生的抗议活动时，学校应当努力找到尊重学生表达意见的同时维护教学秩序和校园安全的方法。

五、法律救济与权益申诉途径

在当今社会，学生权益的保护已成为一个重要议题。学生，作为教育体系的核心参与者，其权利和福祉应受到充分的尊重和保护。然而，现实中，学生权益有时会受到侵犯，这时，他们需要了解和掌握相应的法律救济措施。这些措施不仅为学生提供了保护伞，也是维护教育公正和促进学校管理透明化的重要工具。

当学生发现自己的权益受到侵犯时，他们首先应考虑的是向学校管理层提出申诉。学校作为学生日常活动的主要场所，其管理层对学生的权益保护负有直接责任。学生可以通过书面或口头的方式，向班主任、辅导员或学校管理部门反映自己遇到的问题。在这个过程中，学生应详细记录下侵权行为的具体情况，包括时间、地点、涉事人员及其行为的具体描述。这些记录将作为处理申诉的重要依据。

如果学校内部的申诉途径无法解决问题，或者学生认为学校的处理不公正，他们可以进一步向教育局或相关教育管理机构提出申诉。教育局作为地方教育行政管理部门，负责监督和管理学校的运行，确保教育活动的合法性和公正性。在向教育局申诉时，学生需要提供详细的个案描述，包括之前在学校申诉的过程和结果。教育局将根据申诉内容，进行调查和处理，确保学生的合法权益得到恢复。

除了教育系统内部的申诉途径，学生还可以寻求法律机构的帮助。当学生认为自己遭受的不公待遇或权益受损涉及法律问题时，他们可以向律师咨询，甚至通过法律途径进行维权。律师可以为学生提供专业的法律咨询和代理服务，帮助他们理解自己的权利，制定合适的应对策略。在必要时，学生可以通过律师向法院提起诉讼，寻求司法救济。这一过程虽然可能较为复杂和漫长，但对于严重的权益侵犯案件，它是确保学生权利得到充分保护的有效手段。[①]

在这些法律救济和申诉途径中，学生应充分了解和利用各种法律支持和资源。例如，一些非政府组织和法律援助机构可能会提供免费或低成本的法律咨询服务。这些机构通常由专业律师组成，他们对教育法律和学生权益有深入了解，能够为学生提供专业的指导和帮助。此外，互联网上也有许多关于学生权益保护的资源和信息，学生可以通过这些渠道获取必要的知识和支持。

在申诉和维权的过程中，学校和教育机构应遵循透明和公正的原则。这意味着学校在处理学生申诉时，应保持公开透明的态度，及时回应学生的关切，并采取公正合理的措施解决问题。学校还应建立健全的申诉处理机制，确保学生的声音能够被听到并得到妥善处理。同时，学校应积极创建一个安全的学习环境，预防权益侵犯事件的发生。

学生在利用这些途径维护自己的权益时，应保持理性和冷静。他们需要了解自己的权利和义务，同时也要意识到维权过程可能需要时间和耐心。在提出申诉时，学生应准备充分的证据和合理的诉求，避免情绪化的行为。此外，学生在维权过程中也应尊重他人的权利和学校的规章制度，避免采取过激或不当的行动。

当学生的权益受到侵犯时，他们有多种途径可以寻求法律救济和申诉。从向学校管理层提出申诉，到向教育局或法律机构寻求帮助，再到利用非政府组织和法律援助机构的资源，学生应积极了解和利用这些途径。

[①] 于双媛.依法治校视域下现代大学制度建设研究［J］.中文科技期刊数据库（全文版）教育科学，2021（6）：190-191.

第三章
高校内部管理与法治实践

在当代社会,随着法治意识的提升和高等教育的快速发展,高校内部管理与法治实践成了重要议题。本章聚焦于高校章程与内部管理规定的法治化,探究如何通过法律框架保障校园的有序运行和管理效率。高校作为知识传播和学术研究的重要场所,其内部管理的合法性、合理性不仅关系到教育质量,也影响着学术自由和教育公平。

首先,高校章程与内部管理规定的法治化是构建现代大学制度的基础。通过明确规章制度,确保校园管理活动在法律框架内进行,可以有效提高管理透明度和公正性,减少管理随意性。其次,教师与学生作为高校内部的重要成员,他们在校内决策中的参与权利也受到法律的关注。透过合理的法律机制,保障他们在学校治理中的发言权和决策权,能够促进校园民主氛围的形成,提高政策的接受度和执行效果。再次,校园纠纷处理是高校管理中不可避免的问题。如何通过法治途径有效解决纠纷,保护师生合法权益,是维护校园和谐稳定的关键。法治途径不仅提供了解决问题的标准程序,还为师生提供了平等的对话平台。最后,校园安全是每所高校不可忽视的重要话题。通过法治保障校园安全,意味着在预防和应对校园安全事件时拥有明确的指导原则和操作流程,这对于保护师生的生命财产安全具有重要意义。

本章旨在深入探讨高校内部管理与法治实践的重要性及其实现路径。通过对高校章程法治化、校内决策法律机制、纠纷处理法治途径、校园安全法治保障等方面的分析,提出如何在保障教育公正、维护师生权益、保持校园稳定的同时,推动高校内部管理向更高标准、更有效率、更透明化的方向发展。这不仅对于提升高校管理水平具有重要意义,也为构建和谐、安全、法治化的校园环境提供了有益的参考。

第一节　高校章程与内部管理规定的法治化

一、高校章程法治化的基本原则

透明性是高校章程法治化的第一个基本原则，其核心在于确保章程的制定与修订过程公开、明确可见。透明性要求高校在章程制定与修订中，应积极地公开相关信息，包括草案、意见征求、决策依据等。这一过程应对广大师生和社会公众可见，以便他们能够了解并参与讨论。广泛征求各方的意见也是透明性的一部分，高校应当主动向教师、学生、校友、行业专家等多元利益群体征求意见，确保各方的声音得以充分表达。同时，公开决策过程也是透明性的体现，高校应当将章程决策的过程公开化，包括相关决策机构的会议记录、决策理由等，以增加决策的合法性和可信度。最重要的是，透明性需要外部监督的介入，以确保章程的制定与修订不受内部势力的干扰，维护社会公众的监督权益。

合法性是高校章程法治化的另一个基本原则，它要求章程的制定与修订必须符合法律法规，并保障相关权利的合法行使。首先，高校章程必须严格依法制定，遵循国家法律法规及高校自身章程制定程序，确保章程的合法性。章程应当明确保护各方的合法权益，包括师生的教育和学术自由、劳动权益等，确保章程不侵犯或限制相关权利。其次，合法性还要求章程的制定与修订过程必须遵循程序正义原则，包括合法程序的公平性、公正性、合规性等，确保章程的合法性。最后，合法性需要司法机关的监督，以确保章程不违反宪法和法律，维护法治秩序。

公正性是高校章程法治化的第三个基本原则，要求章程的制定与修订过程应当公平、公正，不偏袒任何一方，确保各方的利益得到平衡。为实现公正性，章程应当明确高校各方的权利与义务，确保各方在决策中拥有平等的地位和权益。决策机构的多元化也是公正性的体现，高校章程的决策机构应当多元化，包括教职工代表、学生代表、校友代表等，确保不同利益群体的声音被充分听取。决策程序的公正也是公正性的重要组成部分，章程的决策程序应当公正，避免不合理的程序规定或程序上的不平等，确保决策的公正性。高校章程还需要建立有效的监督机制，确保章程的执行过程中避免不正当行为，维护公正性。

高校章程的法治化是现代高等教育治理体系的关键组成部分，其基本原则包括透明性、合法性和公正性。这些原则相互交织、相辅相成，构建了一个有力的法治框架，为高等教育的可持续发展提供坚实的法律保障。只有遵循这些原则，高校章程才能真正反映出法治的精神，促进高等教育事业的发展。同时，政府、法律机构、监督机构等各方也应积极履行监督与维护法治的职责，共同推动高校章程法治化的进程，促进高等教育治理体系的不断完善与发展。

二、法律与高校内部管理规定的协调

法律与高校内部管理规定的协调是确保高校内部管理规定与国家和地方法律法规保持一致性的关键要素。高校作为国家培养人才的重要场所，其内部管理规定必须遵循法治原则，以维护学校的正常秩序、教育教学质量、师生权益等方面的合法权益。

高校内部管理规定的制定必须有明确的法律依据。《中华人民共和国高等教育法》作为最基本的法律框架，规定了高校的管理体制、教育教学目标、师生权益等方面的要求。根据这一法律依据，高校可以制定和修改内部管理规定。然而，这些规定必须符合国家法律法规的要求，否则将被视为非法或无效。

为了确保内部管理规定的合法性，应建立合法性审查机制。这一机制可以由高校内部的法律部门或专门的合法性审查机构来负责。审查内容包括内部管理规定的法律依据、内容是否符合国家法律法规的要求、是否侵犯师生的合法权益等方面。如果审查发现问题，必须及时进行修改和调整，以确保规定的合法性。

内部管理规定必须与国家法律法规保持一致，涵盖了学校的组织架构和管理体制、教育教学目标和课程设置、师生的权利和义务、财务管理、招生和录取制度、学术研究和知识产权等多个方面。这要求高校的内部管理规定必须对照国家法律法规，确保各项规定不与国家法律法规相抵触，不侵犯师生的合法权益，保护知识产权等。同时，内部管理规定必须随着国家法律法规的变化而进行修改和调整。国家法律法规的变化可能涉及教育政策、人权保障、财务管理、知识产权等多个方面。高校应建立灵活的修改和调整机制，确保内部管理规定与国家法律法规的一致性。这包括跟踪法律法规的变化、制定修改计划、广泛征求意见、及时发布和宣传修改后的规定。

内部管理规定的一致性不仅仅体现在制定和修改阶段，还需要在执行和监督阶段得到有效保障。高校必须建立有效的执行机制，确保内部管理规定得以落实，师生遵守并受到合理监督。此外，还需要建立监督机构，对高校内部管理规定的执行情况进行监督，确保规定的有效实施。

法律与高校内部管理规定的协调是维护高校合法权益和法治原则的关键环节。通过明确的法律依据、合法性审查、一致性要求、修改和调整机制、有效的执行和监督，高校可以确保其内部管理规定与国家和地方的法律法规保持一致性，从而实现法治化管理，维护学校的正常秩序、教育教学质量、师生权益等方面的合法权益。这有助于高校更好地履行其教育使命，为社会培养更多的高素质人才做出贡献。

三、高校自治与法治原则的结合

高校自治与法治原则的结合是一个复杂而重要的议题，涉及高等教育机构的自主性与法律约束之间的权衡。高校自治是指高等教育机构在学术事务和内部管理上拥有自主权的能力，这被认为是保护学术自由和促进创新的关键。然而，与此同时，法治原则是确保社会秩序和公平的基石，要求所有机构都必须遵守法律和法规。在这种情况下，高校自治和法治原则之间可能发生冲突，尤其是在权利和义务的界定方面。

高校自治的核心概念在于学术自由和独立性。高等教育机构应该有权决定课程设置、招聘教师、推动学术研究，而不受政府或其他外部力量的干预。这一自主性有助于培养独立思考和创新的学生，同时推动社会和科技的进步。高校自治的价值在于保护学术自由，使教育机构能够根据自己的专业判断和需求来制定政策和决策。然而，高校自治与法治原则之间存在潜在的冲突。首先，在财务管理方面，高校必须遵守财政法规，确保资源的合理分配和透明度。这可能需要高校向政府报告财务情况，以确保公共资金的正确使用。高校可能会主张财务管理应由学校内部决定，这可能与法律要求相抵触。

其次，学术自由与法律限制之间可能发生冲突。高校必须在学术和言论自由的框架内运营，但在一些情况下，学术研究或言论可能会与国家安全或社会稳定发生冲突。这可能导致高校在维护学术自由和遵守法律之间的权衡，需要仔细考虑。

最后，高校还需要在学生权益和纪律管理方面进行平衡。高校必须确保学生的权益得到保护，同时也需要进行纪律管理。然而，在一些情况下，学生与高校之间可能会发生纠纷，需要法律程序来解决。这可能涉及学生权益与高校自治权之间的冲突。为了解决高校自治与法治原则之间的冲突，需要采取一系列措施。政府和高校可以共同制定适当的法律框架，明确高校在自治权和法治原则之间的平衡。这些法律应该明确定义高校在学术事务、财务管理和学生事务等方面的自主权，同时确保高校遵守国家法律法规。

而且高校应建立透明度和问责制度，以确保财务管理和内部决策的合法性和公平性。这包括定期向政府和社会公开财务报告，以展示资源的使用情况，并接受外部审计。这有助于维护公众信任和透明度。此外，高校应积极保护学术和言论自由，但也需要在法律范围内行使这些权利。在与国家安全或社会稳定有关的问题上，高校可以与政府合作，确保学术研究和言论不会引发不必要的冲突。而高校可以建立有效的纠纷解决机制，以处理与学生、教职员工或其他利益相关者之间的纠纷。这些机制应遵循法律程序，确保公平和公正。这有助于解决可能涉及高校自治权的问题，同时确保法治原则得到尊重。

高校自治与法治原则的结合是一个复杂而关键的挑战。高等教育机构应该在保持自主性的同时，遵循法律和法规，以确保学术自由和社会秩序的和谐发展。政府、高校和社会需要共同努力，建立合理的法律框架、透明度和问责制度，以解决潜在的冲突，促进高校的健康发展和社会进步。

四、法治化进程的实施策略

法治化进程的实施策略在高校章程法治化的背景下具有重要意义。高校章程是高校管理体系的核心组成部分，对高校的发展和稳定起着至关重要的作用。因此，为了确保高校章程的合法化和规范化，需要采取一系列有效的策略。

首先，制定明确的法律法规是保障高校章程法治化进程的重要一环。这些法律法规应明确规定高校章程的法律地位和适用范围，确保章程在法律框架内合法合规运行。此外，这些法规还可以规范高校章程的内容和制定程序，以防止章程内容的随意性和不合法性。通过建立明确的法律法规，可以为高校章程的法治化提供稳定的法律基础，确保章程不受法律漏洞和模糊性的干扰。[1]

其次，建立独立的章程法治化机构是确保章程法治化进程的有效策略之一。这个机构可以负责监督和管理高校章程的法治化进程，确保其不受到干扰和操控。这可以是高校内部的独立机构，也可以是由政府或教育部门设立的独立机构。这个机构的职责包括审核和批准高校章程，监督章程的实施和执行，处理章程纠纷和违法行为，确保章程的合法合规运行。建立独立的机构有助于提高章程法治化进程的透明度和公正性，确保章程的合法性和规范性得到有效维护。

再次，加强高校内部的法治教育和培训对于促进章程法治化进程至关重要。通过开展法律法规宣传教育、组织法治培训课程、设立法治研究中心等方式，可以提高高校管理人员和教职员工的法治意识和法治素养。这可以帮助他们了解法律法规的要求，遵守法律法规的规定，确保高校章程的合法合规运行，同时也提高高校内部纪律和规范的执行力，减少违法行为和纠纷的发生。通过加强法治教育和培训，可以使高校内部各方更好地理解章程法治化的重要性，积极参与法治化进程，推动章程的合法合规实施。

从次，建立有效的法律纠纷解决机制也是必不可少的策略之一。这个机制可以包括内部纠纷解决机构和外部法律机构。内部纠纷解决机构可以由高校自行建立，负责处理高校内部的章程纠纷和违法行为。这个机制可以由独立的纠纷解决委员会或仲裁机构来运作，确保纠纷得到公正和合法

---

[1] 王美春.大学生合法权益保障探析[J].人民论坛，2012（2）：76-77.

的解决。内部机构的建立有助于高校章程内部问题的快速解决,避免不必要的法律纠纷。外部法律机构可以是政府或司法部门设立的机构,负责处理高校章程纠纷和违法行为。高校可以向外部法律机构提起诉讼,寻求法律的保护和解决。外部机构的存在可以确保章程法治化的实施不受高校内部利益和压力的干扰,保障法律的公正和公平。

最后,建立监督和评估机制可以确保高校章程法治化进程的持续有效。这个机制可以包括内部监督机构和外部评估机构。内部监督机构可以由高校自行建立,负责监督高校章程的法治化进程,及时发现和解决问题。这个机构可以定期审核高校章程的实施情况,提出改进建议,确保章程的合法合规运行。内部监督机构的设立有助于高校自我监督和改进,确保章程法治化进程的顺利推进。外部评估机构可以由政府或教育部门设立,负责对高校章程的法治化进程进行评估和监督。这可以通过定期评估高校章程的合法性和规范性来实现,以确保章程法治化进程的质量和效果。外部机构的存在可以提供独立的监督和评估,防止高校章程法治化进程受到高校内部的干扰。

高校章程的法治化进程需要采取一系列有效的策略,包括制定明确的法律法规、建立独立的章程法治化机构、加强高校内部的法治教育和培训、建立有效的法律纠纷解决机制,以及建立监督和评估机制。这些策略的共同目标是确保高校章程在法治框架内合法合规运行,促进高校管理的透明性、公正性和规范性,为高校的持续发展提供坚实的法治保障。只有通过综合采取这些策略,才能够有效推动高校章程的法治化进程,实现高校管理的现代化和法治化。

第二节 教师与学生参与校内决策的法律机制

一、决策参与的法律保障机制

决策参与的法律保障机制在教育领域扮演着至关重要的角色,旨在确保教师和学生的权利得到充分尊重,并且遵循适当的程序。教育系统是一个复杂的机构,涉及广泛的决策,包括课程设计、学校政策、资源分配等。因此,保障教师和学生的权利和参与至关重要。

教师是教育体系的中流砥柱,他们的参与对于教育质量和效果至关重要。在权利方面,教师享有言论自由的权利,这意味着他们可以自由表达自己的意见、看法和建议,而不受到校方的不当干预或惩罚。这一权利确保了教师能够积极参与决策过程并提供有益的反馈。此外,教师还享有职业权益的保障,包括薪酬、晋升机会、工作条件等。这些权益的保护有助于维护教师的职业尊严,保持其工作动力。教师还有权参与教育政策的制定和修改,以确保政策更加符合教育现场的需求。这一权利有助于教育体系的改善和进步。

与教师权利相似,学生也拥有一系列的权利,以确保他们在校内决策中的参与和受到尊重。首先,学生享有言论自由的权利,他们可以自由表达自己的意见和看法,包括对学校事务的建议和意见。学校不能因为学生的言论而采取不当的惩罚措施,这一权利保障了学生的自由表达权。其次,学生有权参与学校事务的决策过程,包括学术课程、学校政策和校园生活的方方面面。这有助于培养学生的领导才能和民主参与意识,让他们在未来的公民生活中更具活力和参与度。最后,学生有权在校内受到平等待遇,不受任何形式的歧视或不公平对待。这一权利确保了教育机会的公平分配,无论学生的背景如何。[①]

除了权利方面的保障,教师和学生还受到程序方面的法律保障,以确保他们在校内决策过程中获得公平的机会和对待。首先,决策过程应该具有透明度,学校应当确保决策过程的透明度,包括向教师和学生提供必要的信息,使他们能够了解决策的背景和影响。透明的信息披露有助于建立信任和合法性,确保决策的过程是公开的。其次,如果决策需要通过选举或任命产生代表,学校应当确保这些过程是公平和公正的,以避免不当操纵或干扰。这有助于确保代表的合法性和代表性。最后,学校应当提供足够的机会,让教师和学生参与决策过程。这包括参与讨论、提出建议、参

---

① 李慧鹏.依法治校进程中的大学生权益保护问题研究[D].河北:河北师范大学,2012.

与委员会和小组工作等。最重要的是，如果教师或学生认为其权利受到侵犯或决策过程存在不公正，他们应当有权提出申诉，并得到公平和迅速的处理。这一申诉机制确保了决策过程的公正和合法性。如果所有其他途径都无法解决争议，教师和学生可以寻求法律救济，以维护其权益和合法性。法律救济是最后的手段，但它确保了法律体系的最终保障。然而，需要注意的是，尽管存在一系列的法律保障机制，但在实际情况中，这些机制可能存在一定的局限性。教师和学生可能面临来自校方的压力或威胁，阻碍他们行使权利。此外，法律程序可能过于烦琐或耗时，导致教师和学生难以有效维权。因此，除了法律保障外，还需要建立一种文化和氛围，鼓励开放和建设性的参与，以确保决策过程的合法性和有效性。

决策参与的价值和意义是不可忽视的。首先，这有助于增强决策的合法性和可持续性。通过广泛的参与，决策能够更好地反映各方的需求和利益，从而更有可能得到广泛的支持和执行。合法性和可持续性是任何决策过程的关键要素，尤其是在教育领域，它们直接影响着教育质量和学生的福祉。其次，决策参与有助于培养民主价值观和公民意识。教育不仅仅是知识的传递，还包括培养学生成为积极的公民的使命。通过参与决策过程，学生能够学习如何表达自己的意见、理解他人的观点，并参与到社会和政治活动中。这有助于培养他们成为更有责任感和参与度的公民。而且决策参与有助于提高决策质量。不同的观点和意见可以带来更多的创新和多样性，从而提高了决策的质量和可行性。当教师和学生参与决策时，他们能够提供独特的洞察和经验，有助于制定更有效的政策和方案。

决策参与的法律保障机制在教育领域是至关重要的，它确保了教师和学生的权利得到充分尊重并遵循适当的程序。这些机制包括权利方面的保障，如言论自由和职业权益及程序方面的保障，如透明度、公平选举和申诉机制。尽管存在一些局限性，但决策参与的价值和意义不容忽视，它有助于增强决策的合法性和可持续性，培养民主价值观和公民意识，提高决策质量，最终有益于教育体系和社会的发展。因此，教育机构和政策制定者应当不断努力，确保教师和学生在校内决策中的积极参与和权利得到切实保障。

二、教师与学生代表的法律地位及作用

教育体系作为社会中不可或缺的组成部分,旨在培养和发展下一代,教师和学生代表都在其中扮演着重要的角色。他们的法律地位及在决策过程中的作用和影响对于教育体系的正常运行至关重要。

教师的法律地位是教育体系中的基石之一。教育是一项专业性极高的工作,教师需要具备相应的教育背景和专业知识,这些知识和技能是通过教育和培训来获得的。根据不同国家或地区的法律规定,教师需要获得特定的教育资格证书,才能合法从事教育工作。这些证书确保了教师具备必要的教育水平和专业知识,以便有效地教授学生各种学科。此外,教师也受到劳动法的保护。他们作为职业劳动者,享有与其他职业相似的劳动法权益。这包括工资、工时、工作条件、福利等方面的权益。劳动法的存在确保了教师的工作条件和待遇得到合理的保障,从而鼓励他们在教育工作中发挥最佳水平。

教师在教育过程中还需要遵守相关的法律法规,以确保教育活动的合法性和质量。他们有义务履行教育法律责任,包括保护学生的权益、遵守课程标准和教学方法等。这种法律责任确保了教师的行为和教学活动符合法律规定,不会对学生造成不当的影响或损害。

另外,教师也需要尊重学生的权益。这包括言论自由、平等待遇和教育机会平等。法律规定教师不能歧视学生,必须提供公平的教育环境,确保每个学生都有平等的机会接受教育并发展自己的潜力。教师的行为和态度对学生的发展和成长具有深远的影响,因此他们需要在教育活动中严格遵守法律法规,保护学生的权益。与此同时,学生代表也在教育体系中发挥着重要的作用,并享有一定的法律地位。学生代表通常是指学生会成员或其他代表学生利益的组织成员,他们在学校内代表学生,并在一定程度上拥有法律权益。

学生会通常是学校内代表学生的主要组织之一,根据学校章程和法律规定享有一定的法律地位。学生会的成员可以通过选举程序产生,他们代表学生提出建议、制定学生事务政策、组织各类学校活动等。这些活动和决策都需要遵循法律法规,确保学生的权益得到尊重和保护。与此同时,

学生代表也有责任保护学生的权益。他们可以通过法律途径维护学生的权益，如提起诉讼或向监管机构投诉。学生代表的存在和作用有助于确保学生在教育体系中的合法权益得到维护，避免受到不当侵犯。

学生代表还可以参与学校的决策制定过程，包括学生政策、学校活动和课程设计等方面。他们可以提供学生的观点和建议，影响学校的决策方向。这种参与决策的机会是通过法律规定或学校章程来确保的，以确保学生在教育过程中有发言权和代表权。此外，学生代表也在促进学校社区建设和互动方面发挥着重要作用。他们可以组织各种社区活动，鼓励学生参与其中，建立积极的学校文化和氛围。这有助于学生之间的互动和合作，促进学习和成长。

教师和学生代表在教育体系中都拥有一定的法律地位，并在其中发挥着重要的作用和影响。教师通过提供高质量的教育和保护学生的权益，直接影响着学生的发展和成长。学生代表通过代表学生的权益和参与决策过程，确保学生的声音被听到，并有机会参与学校事务的决策。这两者共同构成了教育体系的关键组成部分，为培养和发展下一代做出了宝贵的贡献。因此，教育机构和社会应该重视并支持教师和学生代表的工作，以确保教育体系的顺畅运行和学生的全面发展。

三、意见表达的法律框架与机制

在现代教育体系中，教师和学生如何在法律框架内有效地表达意见并对校内决策产生影响是一个重要而复杂的议题。这一问题涵盖了广泛的法律原则、机制和实践，旨在确保教育界的公平性、透明度和民主性。言论自由是一项基本权利，它在法律框架中得到广泛保护。教师和学生享有在校园内表达意见、观点和看法的权利，前提是这些表达不涉及违法活动或对他人造成不当侵害。例如，美国宪法第一修正案确保了公立学校内的言论自由，但也存在一定的限制，如言论不能引发暴力、煽动不法行为或导致校园混乱。这种权利需要在法律框架内谨慎行使，以平衡言论自由和学校环境的安全和秩序。

在一些国家，私立学校可能具有更大的自主权，可以在一定程度上限制言论自由，但仍需遵守适用的法律法规。在这方面，教育法律框架应明确规定何时可以对言论自由进行限制，并确保公平、合理的标准适用于所有教育机构。而学生权利的保护法律框架还包括了对学生权利的保护，以确保他们的意见得到尊重和维护。这些权利涵盖了学生的言论自由、宗教自由、隐私权等方面。例如，学生在校内有权表达政治观点、宗教信仰和性取向，而不受到歧视或惩罚。教育法律框架通常要求学校采取措施，以保护学生免受欺凌、歧视或侵犯隐私的行为。此外，一些国家还明确规定了学生参与决策的机会，如学生代表在学校董事会中的席位，以确保他们的意见能够直接影响校内决策。这种机制有助于培养学生的民主意识和参与感，同时也在法律上强化了他们的权利。

决策参与与校内治理教育法律框架还涉及决策参与和校内治理的机制。这些机制旨在确保教师和学生有机会参与学校事务的决策过程，并对校内政策产生影响。这通常包括学校委员会、董事会、家长教师协会等组织的设立和运作。

一些国家规定学校必须设立学生代表或家长代表的席位，以确保他们在校内决策中有发言权。此外，一些法律框架还要求学校定期就关键问题进行公开磋商和咨询，以获取各方的意见和建议。这些机制有助于建立学校决策的透明性和参与性，以保障各方利益的平衡。教育法律框架还包括了申诉和救济机制，以解决教师和学生对校内决策不满或权利侵犯的情况。这些机制的存在是为了确保公正和合法的解决争议的途径。一种常见的申诉机制是学生和教师可以向学校管理层提出申诉，要求重新审议某一决策或行为。如果申诉不成功，他们可以寻求法律救济，如起诉或向相关教育监管机构投诉。教育法律框架通常规定了这些申诉和救济程序的流程和条件，以确保公平和透明。[1]

跨国合作与国际法律框架随着全球化的不断发展，跨国合作在教育领域变得愈加重要。国际法律框架通过国际公约和协议，为教育机构、教师和学生提供了在国际范围内表达意见和维护权利的机会。例如，联合国《儿童权利公约》明确规定了儿童和青少年的言论自由和权利保护，而国际

---

[1] 王永敏，刘爽.全面依法治国视域下高校依法治校工作探索[J].求知导刊，2016（8）：30-30.

劳工组织的相关公约则涵盖了教育工作者的权利。国际法律框架还鼓励国家间的合作，以共同解决教育领域的问题和挑战。这种合作可以涵盖知识共享、教育资源互助、教师和学生交流等方面，有助于提高教育质量和促进全球教育的可持续发展。

意见表达的法律框架与机制在现代教育中具有重要的地位，旨在保障教师和学生的权利，确保他们能够有效地参与校内决策并对教育体系产生积极影响。这一框架涵盖了言论自由、权利保护、决策参与、申诉救济和国际合作等多个层面，要求教育机构、政府和国际社会共同努力，以建立更加公平、民主和开放的教育体系，促进教育的可持续发展。因此，了解和遵守教育法律框架是教育工作者和学生的责任，也是推动教育进步和社会变革的关键因素之一。

四、法律机制的优化与发展

法律机制的优化与发展是教育领域的一个关键议题，它直接关系到教师和学生在校内决策中的参与和贡献。首先，教育法规应当明确规定教育机构内部决策的程序和原则，以确保教师和学生在校内决策中享有合法权益。然而，当前的法律机制存在一些问题与挑战。其中之一是权力集中的问题。一些教育机构可能存在权力高度集中的情况，导致决策过程不够民主，教师和学生的参与度受到限制。这可能会导致不合理或不公平的决策结果。此外，透明度不足也是一个重要问题。法律机制可能没有足够的规定来确保校内决策的透明度，使得教师和学生无法了解决策的过程和依据。这导致了信息不对称，阻碍了合理的参与和贡献。其次，透明度与信息公开也是关键。法律机制应明确规定校内决策的透明度要求，包括信息的公开和对决策过程的记录。这可以帮助教师和学生了解决策的依据和过程，从而提高参与的信任度和积极性。最后，参与与代表也是一个重要方向。法律机制可以鼓励教师和学生参与校内决策，可以通过选举代表、设立咨询机构等方式来实现广泛的参与。这有助于确保各个群体的声音被充分听取，决策更具合法性和公平性。另外，机会公平也是不可忽视的。法律机制应当明确规定教育机构需要确保所有群体都有平等的参与机会，不论他们的背景或身份如何。这可以通过反歧视法律和政策的制定来实现，确保每个人都有平等的权利和机会参与校内决策。

然而，优化法律机制只是第一步，其有效实施和监督同样重要。为了确保法律机制的有效运行，教育机构内部需要设立相应的机构来管理和监督校内决策的实施。这些机构应由各种利益相关者参与，包括教师、学生、家长和社会代表，以确保决策的合法性和公平性。

此外，投诉和申诉机制也是必不可少的。法律机制应当明确规定投诉和申诉机制，以便教师和学生能够在感到不公平或不合法时提出申诉。这可以帮助纠正不当决策，并确保教育机构对其决策负有责任。

独立监督机构也是关键。独立的监督机构应当负责监督教育机构的校内决策，以确保其合法性和透明度。这可以帮助确保法律机制得到有效实施，同时减少滥用权力和腐败的可能性。

教育机构的责任也不能忽视。法律机制应当规定教育机构需要履行一定的社会责任，包括确保教师和学生的参与权利得到尊重。一方面，这可以通过法律规定和教育机构的内部政策来实现，确保教育机构积极履行其社会责任。另一方面，国际比较与借鉴也可以为法律机制的优化与发展提供有益的经验教训。不同国家的教育体制和法律机制各有特点，可以从中学习经验教训，以更好地适应本国的教育环境。这可以帮助我们借鉴其他国家的成功经验，同时避免重复他们的错误。

法律机制的优化与发展对于加强教师和学生在校内决策中的参与和贡献至关重要。通过分权与去集中、提高透明度与信息公开、鼓励广泛参与和确保公平机会等措施，可以建立更加公平和有效的法律框架，以推动教育体制的不断发展和进步。同时，国际比较与借鉴及未来展望也为我们提供了宝贵的思路和方向，帮助我们更好地实现教育领域的改革和发展。

第三节　校园纠纷处理的法治途径

一、纠纷类型与法律适用

校园纠纷是教育机构内部的冲突或争议，它们可能涉及多种不同的类型，其中一些与学术、学生生活或校园环境有关。这些纠纷需要适用特定的法律规范来解决，以确保公平和公正的处理。

学术不诚实的纠纷是校园内常见的一种问题。它涉及学生在课程、考试或学术项目中不诚实的行为，如抄袭、作弊或伪造数据。学术不诚实对教育机构的声誉和学生的学术成就都会构成威胁，因此需要严格处理。对于学术不诚实的纠纷，学校通常会依据学术诚信政策来处理。这些政策是学校的内部规章制度，旨在维护学术诚信。学术诚信政策通常明确规定了什么是不诚实行为，以及对于不诚实行为的处罚和程序。这些程序可能包括学生听证会、证据收集和听证会的组成。此外，学校的学术规范和行为准则也可能包含有关学术不诚实的规定。在法律方面，处理学术不诚实的纠纷可能需要考虑一系列法律法规。学术不诚实可能涉及侵犯知识产权，包括抄袭他人的作品或违反版权法。因此，知识产权法可能适用于此类情况。此外，一些国家或地区可能有专门的法律规定，用于惩罚学术不诚实行为，例如作弊行为法规。因此，在处理学术不诚实的纠纷时，学校和学生需要遵守适用的法律法规，以确保程序合法和处罚适当。

学生间冲突是另一种常见的校园纠纷类型。这种纠纷包括学生之间的争吵、纷争或暴力行为，可能涉及言语冲突、身体冲突、恶意欺凌或歧视行为。学生间冲突对校园环境和学生的心理健康都带来了不良影响，因此需要有效处理。在处理学生间冲突的纠纷时，学校通常会制定校园行为规范，以规范学生间的行为。这些规范通常包括了什么行为被视为不可接受的，以及违反规范可能会导致什么后果。校园行为规范通常是学校的内部规定，学生在入学时需要遵守，并在校园内遵守。法律适用于学生间冲突的纠纷通常会依赖于具体情况。首先，一些学生间冲突可能涉及刑法，特别是在涉及身体伤害、恶意欺凌或威胁的情况下。这些行为可能构成犯罪，因此刑法可能适用。其次，歧视行为也可能触及反歧视法，这些法律禁止对特定群体的歧视。因此，在处理学生间冲突的纠纷时，需要考虑适用的法律法规以及学校的内部规定。

教职员工与学生之间的纠纷是另一个复杂的问题。这种纠纷可能涉及教师与学生之间的学术争议、权利冲突或职业行为问题。例如，学生可能对教师的授课方法或评分标准提出异议，或者教师可能面临学生的不当指控。解决这种类型的纠纷需要谨慎和公平的程序,以维护教育质量和学生权益。在处理教职员工与学生之间的纠纷时,学校通常会依赖于内部规章制度和政策。这些规章制度和政策可能包括学术纠纷解决程序、教师行为准则和学生权益保护政策。这些政策通常明确规定了处理教职员工与学生之间纠纷的程序和责任。

法律适用于教职员工与学生之间的纠纷通常也涉及多个法律领域。首先,教育法是一个重要的法律领域,规定了学生的权利和教育机构的义务。其次,劳动法可能适用于教职员工的权利和义务,尤其是在雇佣和解雇方面。人权法则禁止歧视行为,因此,如果学生或教职员工声称遭到歧视,反歧视法可能适用。最后,合同法规定了教育合同的履行,包括教职员工与学生之间的合同义务。因此,在处理教职员工与学生之间的纠纷时,需要综合考虑多个法律法规,以确保公正和合法的解决方案。

校园环境问题的纠纷涉及校园设施、安全、健康和环境的各种问题。这包括校园建筑的维护、安全事故的处理、环境污染和健康卫生问题。学校有责任确保校园环境安全和适宜,以提供良好的学习和生活条件。在处理校园环境问题的纠纷时,学校通常会依赖于内部规章制度和政策,例如校园安全政策、建筑维护政策和环境管理政策。这些政策通常规定了校园环境的标准和要求,以及处理环境问题的程序。

法律适用于校园环境问题的纠纷可能包括建筑法、环境法、健康和安全法以及合同法等。建筑法规定了建筑和设施的标准和规定,以确保它们安全、合法且适用。环境法规定了环境保护的要求,包括对环境污染的控制和管理。健康和安全法规定了校园内的安全标准,以确保学生和员工的安全。合同法规定了与校园环境有关的合同义务,例如承包商与学校之间的建筑维护合同。

校园纠纷涵盖了多种类型,包括学术不诚实、学生间冲突、教职员工与学生之间的纠纷及校园环境问题。每种类型的纠纷都需要依赖学校的内部规章制度和政策来处理,同时也需要考虑适用的法律法规。通过综合运用内部规定和法律法规,可以确保校园纠纷得到公正和合法的解决,维护校园社区的和谐秩序。

二、纠纷解决机制

学校内部的纠纷解决机制是确保学校内部秩序和学生权益得到维护的重要组成部分。这一机制的设计和实施旨在通过合理、公平和透明的方式解决学校内部出现的各种纠纷，从而促进和维护校园和谐和社区和谐。

首先，调解委员会在学校内部纠纷解决机制中扮演着重要的角色。这个机构通常由学校工作人员和教师组成，其中一些人可能具有专业的调解培训。调解委员会的目标是通过非正式的方式解决各种类型的纠纷，包括学生之间的争端、教师与学生之间的矛盾，以及学生与学校管理部门之间的分歧。

当学校内部纠纷发生时，任何涉及方都可以向调解委员会提出申请，随后委员会将组织会议，邀请纠纷各方出席。在调解会议上，调解员将引导参与方讨论问题，促进沟通和理解，协助他们寻找解决纠纷的方式。这可以包括达成书面协议，其中规定了解决方案和行动计划。调解的过程通常是机密的，以保护各方的隐私，并鼓励坦诚的讨论。

调解委员会的工作原则包括公正、中立、保密和自愿参与。这些原则确保了纠纷的处理过程是公平的、不偏不倚的。调解员的角色是中立的，他们不会偏袒任何一方，而是努力促使各方达成共识。此外，保密原则确保了纠纷的细节不会泄露给外界，从而保护了各方的隐私权。最重要的是，参与调解是自愿的，没有强制性的要求，这有助于确保纠纷解决的过程是自愿的，而不是强加的。

其次，纪律委员会是学校内部处理纪律问题的机构。这个机制由学校管理部门和教育专业人员组成，其任务是审查和解决学生违纪行为，确保学校规章制度的执行。纪律委员会通常处理严重的纪律问题，例如欺凌、作弊、违反校规等。

当学校内部出现严重违纪行为时，学校管理部门将进行调查，并将相关信息提交给纪律委员会。委员会将召开听证会，邀请涉及的学生和教师出席。在听证会上，双方将提供证据和陈述，进行辩论，然后委员会将做出决定。这个决定可能包括纪律处分，如警告、停课、开除等。纪律委员会的决定通常是最终的，但在某些情况下，学生或教师可能有权上诉。

纪律委员会的工作原则包括公正、合法、听证权和上诉权。公正原则确保了纪律委员会的决定是公平和公正的，不受偏见的影响。合法原则确保了所有的处分决定都是依法采取的，符合学校政策和程序。听证权和上诉权则确保了被处分的学生或教师有权提供证据、陈述自己的立场，并在有必要时上诉以确保公正审查。

最后，学生代表会议也是一个重要的纠纷解决机制。这个机构为学生提供了一个平台，让他们可以主动参与学校事务的讨论和决策。学生代表会议通常由学生选举产生，代表学校不同年级和利益群体的学生。

学生代表会议的职责包括提出建议、反馈学生关切、参与学校政策的制定和改进等。在某些情况下，学生代表会议还可以协助调解纠纷，特别是涉及学生权益和校园生活质量的问题。通过学生代表会议，学生有机会表达他们的意见和需求，这有助于建立更加开放和包容的校园文化。

学校的政策和程序也是纠纷解决的关键因素。学校应该建立明确的规章制度，详细说明各种类型的违规行为和相应的处罚措施。此外，学校还应该制定程序，以确保纠纷的处理是公正和透明的，这包括确保参与方有权提供证据和陈述，有权知悉决定，并有权上诉以确保公正审查。学校政策还应该明确规定如何报告纠纷，以及哪些机构和人员负责处理不同类型的问题。这可以帮助确保纠纷得到及时而适当的处理，并防止滥用权力或不当干预。

学校内部的纠纷解决机制是确保校园秩序和社区和谐的重要工具。调解委员会、纪律委员会、学生代表会议，以及明确的学校政策和程序共同构成了一个完整的体系，用于处理各种类型的纠纷。这些机构和程序的存在可以确保纠纷得到公正、透明和有效的处理，有助于维护学校的良好氛围和学生的权益。通过这些机制的合理运作，学校可以更好地满足教育使命，培养有能力、有良好道德品质的学生。

三、法律援助与咨询

在当代社会中，法律问题和纠纷是不可避免的。尤其是在大学校园内，从室友纠纷到学术争议，学生可能会面临各种法律问题。为了维护学生的权益和确保法律事务得到适当处理，学校和外部机构提供了法律援助和咨询服务。接下来将深入探讨学生在面临纠纷时可获得的法律帮助，包括校内法律咨询服务和外部法律援助。

校内法律咨询服务在大多数大学和学院中都是一个重要的资源。这些服务的目标是为学生提供法律方面的建议和支持，以帮助他们解决校园内和学术生活中的各种法律问题。校内法律咨询服务包括以下几方面。

学校通常会雇佣专业律师作为学校法律顾问，他们的职责是为学生提供法律咨询和建议。这些法律顾问对学校内部的法律政策和程序非常了解，因此他们能够为学生提供有关校园生活中的法律问题的具体指导。学生可以咨询他们各种法律问题，包括合同纠纷、租赁问题、学术争议等。学校法律顾问通常会为学生提供免费的法律咨询，以确保他们了解自己的权益和责任。此外，一些学校设有学生法律中心，这些中心旨在为学生提供广泛的法律支持。学生法律中心通常由专业法律工作者和志愿者组成，他们为学生提供法律咨询、法律培训和法律援助。这些中心的服务范围涵盖了多个法律领域，从家庭法事务到消费者权益保护，学生可以在这里获得帮助，以解决各种法律问题。

特别值得一提的是，当学生在学术方面面临问题时，学校通常还提供学术争议咨询。这些问题可能包括学术不诚实、学术处分或学术诉讼。学术争议咨询可以帮助学生了解学校政策和程序，并为他们提供法律建议，以解决这些争议。这对于维护学术诚信和保护学生的权益至关重要。

校内法律咨询服务还可能包括校园法律资源，例如法律图书馆或法律研讨会。这些资源可以帮助学生深入了解法律，提高他们的法律意识，并为解决法律问题提供支持。学生可以在法律图书馆查找法律文献，了解相关法律案例，并借助法律研讨会与其他学生一起讨论法律问题，从而增强他们的法律知识。尽管校内法律咨询服务提供了丰富的资源，但学生需要了解，这些服务通常仅适用于特定类型的法律问题，而且法律顾问可能无法代表学生出庭。因此，在面临较复杂的法律问题时，学生可能需要寻求外部法律援助。而外部法律援助机构是专门为需要法律帮助的个人提供支持的组织。这些机构通常是独立的，不受学校的直接管理，提供更广泛的法律服务。外部法律援助的重要方面包括以下内容：

学生在需要处理法院诉讼或复杂法律事务时，可以寻求专业律师事务所的帮助。律师事务所的律师拥有广泛的法律知识和经验，可以提供高质量的法律代理服务。这对于处理严重的法律问题尤为重要，例如刑事案件或严重的民事诉讼。此外，非营利法律援助组织也是外部法律援助的重要组成部分。这些组织旨在为低收入人群提供法律援助。学生可以寻求这些组织的帮助，他们通常提供免费或低成本的法律服务。这些组织通常处理各种法律问题，包括房屋租赁、家庭法、消费者权益、劳工法等。对于财务有限的学生来说，这些非营利组织提供了重要的资源，以确保他们获得法律帮助。

除了律师事务所和非营利组织外，学生还可以通过法律援助热线和在线资源获得法律帮助。这些资源通常提供法律咨询、法律文件模板和指导，以帮助学生解决一系列法律问题。法律援助热线通常提供电话咨询服务，而在线资源则包括法律信息库和法律协助工具。这些工具使学生能够更好地了解他们的法律权益，并采取适当的法律行动。另一个提供法律帮助的途径是学生法律协会。这些协会通常由法学院的学生组成，他们提供法律援助和法律咨询服务。这些协会通常与学校合作，以便学生可以获得法律援助。学生法律协会的成员通常具备法律知识和技能，可以帮助同学解决法律问题。

学生在面临法律问题和纠纷时有多种获得法律帮助和咨询的选择。校内法律咨询服务提供了方便的资源，特别是对于解决与校园生活相关的问题非常有帮助。然而，对于更复杂的法律问题，外部法律援助机构提供了更全面的支持，包括律师事务所、非营利法律援助组织、法律援助热线和学生法律协会。学生应根据他们面临的具体情况和问题来选择最合适的法律援助渠道，以确保他们的权益得到维护，并能够有效解决法律问题。在面对法律问题时，知晓这些法律援助资源的存在是至关重要的，因为它们可以为学生提供关键的支持和帮助，帮助他们度过困境。综上所述，无论学生面临何种法律挑战，都应了解并利用可用的法律援助和咨询资源，以维护自己的权益且获得必要的支持。

四、法治教育与意识提升

法治教育是一种系统性的教育过程，旨在向学生传授法律知识、法治理念和法律道德，以培养他们的法治意识和法治素养。这种教育不仅仅涉及法律体系的学习，还包括了法律在社会中的应用、法治原则的理解及法律道德的培养。

法治教育的目标是培养学生的法治思维和法治意识，使他们能够理解和尊重法律，遵守法律规定，积极参与社会事务，并在面对法律问题时具备解决问题的能力。此外，法治教育还旨在促使学生形成公平正义的价值观，培养他们的社会责任感，以便他们能够为社会的发展和进步做出贡献。

法治教育对于一个社会的稳定和发展至关重要。它有助于预防和减少犯罪行为，维护社会秩序，提高法律的实施效率。在校园环境中，法治教育可以减少校园纠纷的发生，提高校园安全，保护学生和教职员工的权益。此外，法治教育还能够培养学生的自我约束能力，促使他们遵守校规校纪，形成良好的学术习惯和行为习惯。

法治教育可以通过多种形式进行，包括课堂教学、法律知识竞赛、模拟法庭活动、法律研究课程等。这些形式的结合可以使学生更全面地了解法律体系，并增强他们的法治素养。此外，法治教育也可以通过社会实践、志愿者活动和参观法院等方式进行，使学生亲身体验法律的应用和实践。

课堂教学是提升学生法治意识的重要途径之一。教师应该在教学中引入法律案例，让学生了解实际的法律问题，并通过讨论和分析案例来培养学生的法律思维能力。此外，课堂教学也可以通过讲解法律知识和法治理念来提升学生的法治意识。

模拟法庭活动可以帮助学生深入了解法律程序和法庭审判过程。学生可以扮演法官、律师、证人等角色，参与模拟法庭的活动，从而增强对法律的理解和认识。这种亲身体验有助于培养学生的法律技能和法治意识。

开设法律研究课程可以让学生深入研究法律领域的特定问题，提高他们的法律研究能力。这些课程可以涵盖各种法律主题，如刑法、民法、行政法等，使学生更全面地了解法律体系。

通过参与社会实践和志愿者活动，学生可以亲身感受到法律在社会中的应用和作用。他们可以参与法律援助组织、人权组织等，为社会公益事业提供帮助，从而培养出一种积极的社会责任感和法治意识。

教职员工培训是提升法治意识的有效途径。学校可以组织专业的法治培训课程，使教职员工了解校园法律政策和规定，提高他们的法治意识。培训还可以包括如何处理校园纠纷、维护校园安全等方面的内容，帮助教职员工更好地应对法律问题。

法治教育和法治意识的提升在校园环境中具有重要的作用。通过系统的法治教育，学校可以培养学生的法治思维和法治意识，预防和减少校园纠纷的发生，提高校园安全，促进学生和教职员工的全面发展。同时，提升教职员工的法治意识也是保障校园法律秩序和学校正常运行的重要措施。通过持续的法治教育和培训，学校可以建立一个更加法治化的校园环境，为学生的成长和发展提供更好的保障。在法治教育的引导下，学生将更加懂得尊重法律，遵守规定，积极参与社会，为社会的进步和发展做出积极贡献。因此，法治教育与法治意识提升不仅是学校工作的一项重要任务，也是社会建设的重要组成部分。

第四节　校园安全与法治保障

一、校园安全法规概述

校园安全是一个至关重要的议题，因为它关系到学生、教职员工和家长的利益，以及整个社会的安宁与发展。为了确保校园内的秩序、安全和健康，各国纷纷制定了一系列校园安全法规和政策框架。

校园安全法规的制定背景是多方面的。校园安全问题是社会广泛关注的焦点，不仅仅是因为学校是传授知识的场所，更是因为学生们的健康与安全至关重要。这些法规的出现源于对校园内各种安全问题的关切，以及教育机构在确保学习环境安全方面的责任。安全问题包括校园暴力、校园欺凌、毒品滥用、性侵犯等，这些问题对学生的身心健康和学习环境产生了深远的影响。因此，各国政府制定法规，旨在预防这些问题的发生，保护学生和教职员工的安全。

威胁校园安全的因素不断演化。校园安全法规需要不断适应新兴威胁，确保校园内的安全。传统的校园暴力和欺凌问题仍然存在，但现代社会还出现了新的威胁，如网络欺凌、社交媒体滥用、枪支暴力等。这些威胁不仅需要新的法规来应对，还需要更加全面的政策和措施，以确保校园社区的安全。另外，技术的快速发展也对校园安全产生了深远影响。现代教育机构越来越依赖于互联网和数字技术，学生和教职员工的个人信息、学术成绩、财务数据等都存储在电子数据库中。这使得数据隐私和网络安全成为重要问题。校园安全法规需要关注这些挑战，确保学校的信息系统得到保护，学生和教职员工的隐私得到保护。

而校园安全政策制定是关键的一环。首先，校园安全法规通常要求教育机构制定和实施校园安全政策，这些政策需要明确规定校园内的安全标准和措施，包括学生行为规范、校园巡逻和监控、访客登记制度等。政策还应涵盖对新兴威胁的应对计划，以及紧急情况下的应急预案。政策的制定和执行有助于维护校园秩序和安全。其次，学生权益保障是校园安全法规的重要内容之一。这包括对校园欺凌和暴力行为的零容忍政策，以及确保学生的心理健康。法规通常要求学校提供心理咨询服务，鼓励学生和教职员工报告任何安全问题或不当行为。这有助于创建一个支持学生发展和安全成长的校园环境。最后，师生培训也是校园安全法规的重要组成部分。为了提高校园安全意识和能力，法规通常要求教育机构提供师生培训。教师需要接受培训，以识别潜在的安全风险，采取适当的行动。学生也需要接受培训，了解如何保护自己和他人，以及如何使用互联网和社交媒体的安全性。培训有助于校园社区更好地应对各种安全挑战。

物理安全措施在校园安全法规中占据重要地位。法规要求学校采取一系列物理安全措施，以确保校园的安全。这包括安全摄像头的安装、校园入口的控制、紧急通信设备的设置等。这些措施有助于减少未经授权的人员进入校园，提高校园的整体安全水平。此外，数据隐私和网络安全是现代校园安全法规不可或缺的一部分。随着数字化教育的普及，校园安全法规需要确保学生和教职员工的数据隐私得到保护，这包括加强网络安全，确保学生的个人信息不被非法获取或泄露。法规还要求学校遵守相关隐私法规，不滥用学生数据。数据隐私和网络安全措施的落实对于维护学生和教职员工的信任至关重要。应急管理和危机响应也是校园安全法规的重要方面。法规强调了应急管理和危机响应的重要性，学校需要制定详细的危机应对计划，包括火灾、自然灾害、恐怖袭击等各种紧急情况，这些计划需要定期演练，以确保学校在危机发生时能够迅速而有效地应对。此外，校园安全法规鼓励学校与当地执法部门、社区组织和家长之间建立合作与沟通机制。这有助于及时分享信息，协同应对潜在的安全威胁，以及更好地支持学生的安全和发展。合作与沟通机制的建立有助于构建一个更加安全和稳定的校园环境。

校园安全法规的制定和执行在维护学生和教职员工的安全、促进学校教育质量和社会和谐稳定方面发挥着至关重要的作用。这些法规的内容涵盖了校园安全政策制定、学生权益保障、师生培训、物理安全措施、数据隐私和网络安全、应急管理和危机响应等多个方面，旨在全面提升校园的安全水平。校园安全法规的不断完善和执行有助于创造一个安全、健康、有利于学习和成长的学校环境。这些法规的重要性不容忽视，它们为教育体系和社会的未来做出了重要贡献。

二、预防措施与法律责任

学校预防意外和犯罪的法律责任及实施的各种安全措施是教育领域中至关重要的问题。在确保学校校园内的学生和工作人员的安全方面，法律责任起着关键作用。

学校在法律上对学生的安全负有严重责任。这包括确保校园内的基础设施和设备的安全，以及采取措施防止意外事件和犯罪发生。学校必须提供一个安全的学习环境，否则可能会面临法律诉讼。同样，学校对其员工的安全负有法律责任。这包括提供培训以应对紧急情况，确保工作场所安全，以及采取适当的预防措施来减少工作场所犯罪的风险。如果学校未能履行这些责任，员工有权提出诉讼要求赔偿。

在一些案例中，学校可能因多种原因而面临法律责任。这些原因包括但不限于学生在校园内受伤或丧生，因为学校未能维护校园设施或提供安全措施；学生或员工成为犯罪活动的受害者，因为学校未能采取适当的安全措施或提供足够的安全培训；学校未能采取必要的预防措施来防止欺凌、校园暴力或性骚扰事件发生。根据国家和地区的法律法规，学校可能需要支付赔偿金，以弥补学生、员工或其他相关方因学校的疏忽而遭受的损失。

法律要求学校采取一系列预防措施，以降低意外事件和犯罪的风险。这些措施包括但不限于定期维护和检查校园设施，确保它们安全可用；雇佣专业的安全人员，监督校园安全；提供员工和学生安全培训，以应对紧急情况；建立有效的校园安全政策和程序，包括报告和处理犯罪事件的程序；定期评估校园安全状况，根据需要进行改进。

学校为预防意外事件和犯罪采取了多种安全措施，以确保校园内的安全环境。这些措施包括但不限于安装安全监控摄像头，监视校园的各个区域。这些摄像头可以用于监控潜在的犯罪活动，记录事件并提供证据，以支持任何可能的法律诉讼。此外，学校实施出入管理措施，例如使用门禁系统，只允许授权人员进入校园，从而有效控制外部人员的进入，减少校园内潜在的犯罪威胁。

校园安全人员应定期巡逻，确保没有异常活动。这种巡逻可以帮助防止犯罪案件的发生，并提高学生和员工的安全感。此外，学校通常配备紧急通信系统，学生和员工在紧急情况下可以快速报警或获得帮助。这些系统可以包括紧急电话、警报按钮和手机应用程序。安全培训也是学校的一项重要措施，教育员工和学生如何应对紧急情况和潜在的威胁，帮助他们更好地了解应对危机的最佳方法。此外，学校与当地执法部门和社区合作，共同努力维护校园的安全。这种合作可以帮助学校更好地了解当地犯罪趋势，并制定相应的安全措施。学校还积极开展预防欺凌和校园暴力计划，旨在提高学生的意识，鼓励报告欺凌行为，并采取措施预防这些事件的发生。

学校对于预防意外事件和犯罪负有重要的法律责任。他们必须确保学生和员工的安全，并采取一系列预防措施来降低风险。通过合规的法律责任和有效的安全措施，学校可以创造一个更安全的学习和工作环境，从而促进教育事业的顺利进行。通过持续努力，学校可以不断改进他们的安全措施，以适应不断变化的威胁和挑战，确保校园的安全和稳定。这对于保护学校社区的每个成员都至关重要，因为他们都应该享有一个安全的学习和工作环境。

三、应对紧急情况的法治途径

紧急情况在教育机构中时有发生，这种情况可能包括自然灾害、暴力事件或其他不可预见的紧急事件。在这些情况下,学校必须依法采取适当的措施来保护学生、教职员工和校园财产的安全。为了应对这些紧急情况,学校需要明确法律程序和响应策略,以确保其行为合法合规。

第一,当学校面临紧急情况时,关键的法治途径之一是制订应急计划。应急计划是学校为了应对各种紧急情况而制定的文件,其中包括指导校园社区如何应对和应对紧急事件的详细计划。这些计划通常由学校的管理层和法律团队共同制定,并根据国家和地方法律法规进行更新。应急计划的核心目标是确保学生和员工的安全,同时最大限度地减少潜在的风险和损失。在应急计划中,学校应该明确规定各种紧急情况下的责任分工和决策程序。例如,在自然灾害发生时,学校应该指定负责处理紧急通知、疏散和急救措施的人员,并确保他们接受了相应的培训。

第二,学校还应该考虑到法律法规对紧急情况的要求。不同国家和地区可能会有不同的法律要求,因此学校必须了解并遵守当地的法律法规。例如,在美国,联邦法律要求学校在紧急情况下及时通知学生和员工,采取适当的措施来保护他们的安全。此外,学校还需要遵守相关州和地方的法律,这些法律可能要求学校制定特定的紧急情况计划或提供特定的培训。

第三,学校还需要考虑到学生和员工的权利和隐私。虽然紧急情况下学校必须采取必要的措施来保护安全,但这些措施不能侵犯个体的权利和隐私。因此,学校在制定应急计划时必须明确规定在何种情况下可以收集和共享个人信息,并且必须遵守适用的隐私法律。此外,学校还需要考虑到特殊群体,如残疾学生或非英语母语学生,在紧急情况下需要额外的支持和照顾。

第四,另一个重要的法治途径是学校与当地执法机构和应急服务部门的合作。在紧急情况下,学校通常需要依赖于执法机构的协助来应对暴力事件或其他威胁。学校应该与当地警察部门、消防部门等相关部门建立合作关系,并明确规定他们的协作方式。这包括在紧急情况下如何协同行动、共享信息和资源,以及如何确保学校和执法机构之间的沟通畅通。此外,学校还应该考虑到与媒体和公众的沟通。在紧急情况下,媒体和公众通常会迅速关注事件的发展,因此学校需要制定媒体沟通计划,以确保信息传达准确、及时且透明。学校的媒体团队应该与法律团队合作，以确保他们的消息和声明符合法律法规，同时维护学校的声誉和形象。此外，学校还应考虑到可能需要采取的法律行动。在某些紧急情况下，可能需要寻求法律救济，例如申请临时保护令或采取其他法律措施来保护学生和员工的安全。学校的法律团队应该准备好在需要时采取必要的法律行动，并与相关部门合作。而学校还应该进行紧急情况的后续评估和改进。一旦紧急情况得以解决，学校应该进行全面的回顾，以评估应急计划的有效性以及在应对紧急情况中取得的经验教训。这包括收集反馈意见，以便改进未来的响应策略，并确保学校能够更好地应对类似情况。

应对紧急情况的法治途径是学校保护学生和员工安全的重要手段。通过制订明确的应急计划、遵守法律法规、保护个体权利和隐私、与当地执法机构合作、进行媒体和公众沟通以及考虑法律行动和后续改进，学校可以有效地应对各种紧急情况，并确保校园社区的安全和福祉。这些法治途径的综合应用有助于确保学校在紧急情况下能够迅速而有效地应对，最大限度地减少潜在的风险和损失。

四、法治环境下的校园安全文化建设

在法治环境下的校园安全文化建设是当今社会亟待解决的重要问题之一。校园安全不仅仅是学校管理者的责任，也是社会各界关注的焦点。为了在法治环境下建立和维护积极的校园安全文化，需要采取一系列有效的措施，包括法律法规的完善和执行、教育体系的改进、学校管理的强化及全社会的参与。接下来将深入探讨这些方面，以促进校园安全文化的不断提升。

第一，法治环境下的校园安全文化建设需要依法制定并完善相关法律法规。这些法律法规应明确校园安全的基本要求和标准，以及相关责任和义务。其中包括针对校园暴力、欺凌行为、性侵犯等问题的规定，以确保校园内各种违法行为都能受到法律的制裁。同时，政府应当加强法律宣传教育，通过法律课程、讲座和宣传活动向学生普及法律知识，培养法治意识，使他们明白违法的后果。此外，学校也应为教职员工提供相关法律法规的培训，确保他们能够正确处理校园安全事件。

第二，建立有效的举报机制对于校园安全文化建设至关重要。学校应当建立举报违法行为的机制，保护举报人的合法权益，并对举报进行认真调查和处理。这可以有效地防止违法行为的发生，同时也起到了法律的威慑作用。此外，严格执法和司法透明也是法治环境下校园安全文化建设的重要环节。执法部门应当加强对校园安全案件的执法力度，确保违法者受到应有的惩罚。同时，司法程序应当公开透明，确保受害者和公众都能够了解案件的进展和判决结果，以维护社会的公平正义。

第三，教育体系的改进是校园安全文化建设的重要组成部分。学校应将校园安全教育纳入课程体系，从小学到高中，为学生提供系统的校园安全教育。这包括了解法律法规、识别危险情况、应对危机事件等方面的知识和技能培训。同时，学校也应注重学生的心理健康教育，培养他们的情感管理和自我保护能力，使他们更好地应对校园暴力和欺凌行为等问题。全面素质教育也是校园安全文化建设的一部分，学校应提供各种丰富多彩的课外活动，培养学生的兴趣爱好，增强他们的社会适应能力，使他们在校园安全文化中发挥更积极的作用。

第四，学校管理的强化是校园安全文化建设的关键环节。学校应投入足够的资源，建设安全设施和设备，包括监控摄像头、报警系统、安全门禁等，以及建立安全演练机制，确保在危机事件发生时能够迅速应对。学校领导层应高度重视校园安全问题，制定相关政策和措施，并进行有效的监督和评估。教职员工是校园安全的第一道防线，他们需要接受专业的培训和教育，了解安全管理的最佳实践，能够及时发现和应对校园安全问题。

第五，校园安全文化建设需要全社会的参与，政府、学校、家庭、社区等各方应积极参与其中。家庭教育在培养学生安全意识和价值观方面发挥着关键作用。家长应与学校合作，积极参与学生的安全教育，帮助他们建立正确的安全观念。社区和社会组织也应当与学校合作，开展安全教育和宣传活动，提供资源和支持。政府应当加大对校园安全文化建设的支持力度，为学校提供必要的资源和政策支持。

法治环境下的校园安全文化建设是一项复杂而重要的任务。只有通过完善法律法规、建立举报机制、改进教育体系、强化学校管理和全社会的积极参与，才能够在校园内建立积极的安全文化，保护学生的安全和权益，为他们的健康成长提供坚实的保障。这需要各方的共同努力，持之以恒的推进，以确保每个学生都能在安全的环境中学习和成长。只有这样，我们才能够在法治的框架下，创造出更加安全、和谐的校园环境。

第四章
师生合同权益的法治保护

随着教育市场的日益成熟和规范化，教师聘任合同及学生教育服务合同的法律地位变得更加显著。这不仅关系到个体的权益保障，也是高校治理体系合法性与效率的重要组成部分。在教育领域，合同法律的运用既是对传统教育关系的一种现代转化，也是对教育质量和教育公平的一种法律保障。特别是在师生关系中，合同不仅仅是一纸文本，更是维护双方权益的法治工具。因此，深入理解并妥善处理教师聘任合同中的权益保障问题，对于确保教师的职业稳定性和职业成长具有重要意义。同样，学生作为教育服务的接受者，其权益的保障同样重要。学生教育服务合同的法律特性不仅关系到学生的学习权和受教育权，也关系到家庭与教育机构之间的权责关系。在这一背景下，清晰界定和保障学生的合法权益，对于建立公正、高效的教育环境至关重要。合同纠纷的法律解决途径是维护教育公平和教育质量的最后一道防线。

在教育领域中，合同纠纷的妥善处理不仅涉及法律程序的公正性，更是对教育理念和价值观的一种体现。有效的法律解决途径不仅能够及时纠正教育实践中的偏差，也为教育参与者提供了一种信任和安全感。这种法治下的保护机制，确保了教育环境的稳定性和可预测性，从而促进了教育事业的健康发展。

因此，本章旨在通过法治视角，深入剖析和讨论师生合同权益保护的重要性和实践路径。这不仅是对现行教育法律框架的解读，也是对如何在快速变化的教育环境中维护师生合法权益的深思熟虑。通过这样的探讨，我们希望为构建更加公正、有效的教育环境提供理论依据和实践指导。

第四章　师生合同权益的法治保护

第一节　教师聘任合同中的权益保障

一、合同透明度与明确性

合同透明度和明确性在教师聘任中起着至关重要的作用。一个良好的合同制度不仅确保教师的权益得到保障，还有助于激发教师的教学和科研热情，进而提升教育质量。在这方面，教师聘任合同应当具备几个关键要素。

第一，教师的工作职责需要在合同中得到明确阐述。这包括了教师的教学任务、课堂管理、学生指导等方面的具体职责。例如，合同中可以详细列出教师每学期应承担的课程数量、课程类型，以及相关的教学质量标准。这样，教师在进入职位之初，就能清楚地了解到自己的工作范围和期望水平。其次，合同中还应明确教师的科研任务。这部分内容对于那些工作在研究型大学的教师尤为重要。合同可以规定教师在科研方面的具体要求，如发表论文的数量和质量、参与科研项目的次数、获得科研经费的目标等。通过这些具体指标，教师可以有明确的科研方向和目标，从而更好地规划自己的研究活动。

第二，职称晋升是许多教师关心的话题，因此职称晋升的标准和程序也应在合同中明确规定。这些标准和程序应当是公正和透明的，比如需要满足哪些教学和科研条件，以及晋升过程中的评估方式和时间安排等。明确的晋升路径不仅能激励教师努力工作，还能确保评审过程的公正性，让教师对于自己的职业发展有一个清晰的预期。

第三，合同中对教师的相关权益的保障也是不可或缺的部分，这包括但不限于薪酬、福利、假期安排、工作时间、退休计划等。合同应当详细规定教师的收入结构，包括基本工资、可能的绩效奖金、科研津贴等。同时，福利方面需要涵盖医疗保险、子女教育支持等，这些都是教师在选择职位时会考虑的重要因素。此外，合理的假期安排和工作时间规定，可以帮助教师保持良好的工作生活平衡，从而提高工作效率和生活质量。

第四，在上述基础上，合同还应包含有关教师职业发展的支持和资源。例如，为新教师提供的培训和辅导计划、教学和科研方面的资源支持、学术交流的机会等。这样的安排可以帮助教师更快地适应新环境，提升自身的教学和科研能力。另一个关键点是教师的绩效评估机制。合同中应该明确教师绩效评估的标准和周期，确保评估过程的公正性和透明性。绩效评估的结果不仅关系到教师的薪酬和晋升，还是教师职业发展的重要反馈。因此，确保一个科学、合理的评估体系是非常重要的。而且合同中还应明确规定解决争议的机制。这包括教师在工作中可能遇到的各种问题的处理方式，如合同违约、职业道德问题、工作场所的冲突等。合同应提供明确的指导原则和程序来处理这些情况，包括内部调解程序、申诉渠道和可能的法律途径等。这样做可以确保当出现问题时，有一个清晰、公正的解决路径，保护教师和机构的双方利益。

通过这些细致的规定，教师聘任合同不仅成为一份法律文件，更是一份指导教师和教育机构如何协同工作、共同发展的指南。它确保了教育机构的目标与教师的个人职业目标之间的一致性，为双方提供了明确的期望和责任。这样的透明度和明确性对于建立和维护一个健康的工作环境至关重要，有助于提升教师的职业满意度和教育质量。

一个高度透明和明确的教师聘任合同是建立在相互尊重和理解的基础上的。它不仅详细规定了教师的权利和义务，还体现了教育机构对教师职业发展的支持和承诺。通过这样的合同，可以促进教育机构与教师之间的良好沟通，提高工作效率，同时也为教师提供了一个稳定、公正的工作环境，促进了教育事业的长远发展。

二、薪酬与福利保障

教育领域的持续发展和改进依赖于许多因素，其中之一是拥有一支高素质的教师队伍。教师是教育体系的核心，他们的教学质量和教育理念直接影响学生的学习成果和未来发展。因此，在确保教育质量的同时，必须关注教师的薪酬与福利保障，以吸引和激励优秀的教育从业者，提高他们的工作积极性和满意度。

在这方面，教育机构和政府应该制定明确的政策和合同来确保教师的薪酬结构和福利待遇得到充分的保障和关照。合同中应明确规定教师的薪酬结构，包括基本工资、绩效奖金、科研补助等，这在教师的职业生涯中扮演着重要的角色，影响着他们的生活质量和工作动力。

基本工资是教师工资的核心组成部分。它应该合理地反映教师的教育背景、教龄和工作职责。合同中应明确规定不同教育水平和教龄的教师的基本工资水平，以保障其经济稳定性。基本工资的合理性也需要与当地的生活成本相匹配，确保教师能够维持基本的生活水平，而不必担忧经济问题。而绩效奖金是另一个重要的薪酬元素。它可以根据教师的教学表现和学生成绩来确定。这种奖金制度可以激励教师不断提高自己的教育水平和教育质量。然而，为了确保公平性和透明性，绩效评估标准和程序应该明确规定，并经过教育机构和教师代表的共同讨论和制定。这样，教师将有动力积极参与教学改进，提高学生的学术成就。

另外，科研补助也应该在合同中得到明确规定。教育领域的研究和创新对于提高教育质量至关重要。科研补助可以鼓励教师积极参与教育研究，推动教育领域的进步。合同中应该规定补助的条件、申请程序及资金分配方式，以确保公平和透明性。

合同中还应包括教师的福利待遇。这些福利待遇不仅关系到教师的基本生活质量，还直接影响他们的工作积极性和满意度。首先，医疗保险是福利待遇的其中之一，它为教师提供了在健康方面的保障。教育工作可能会带来一定的压力和工作量，因此保障教师的健康是至关重要的。合同中应规定医疗保险的覆盖范围、费用分担方式和医疗服务提供者，以确保教师能够获得质量高、全面的医疗服务。其次，退休金计划也是非常重要的。它为教师提供了在退休后的经济保障，让他们能够安心享受晚年生活。合同中应明确规定退休金的计划类型、缴纳比例、资格要求和领取方式，以确保教师在职业生涯结束后有足够的退休金支持。最后，住房补贴也可以帮助教师解决住房问题。特别是在高房价地区，教师可能面临住房成本高的问题。合同中可以规定不同地区的住房补贴标准，以帮助教师获得合适的住房。

其他福利待遇，如子女教育补助、假期安排等，也应该在合同中得到详细规定，以满足教师的多样化需求。子女教育补助可以减轻教师在子女教育方面的负担，同时合理的假期安排可以帮助教师在工作与生活之间取得平衡，提高工作满意度。

薪酬与福利保障是教育体系中不可或缺的一部分，它们直接关系到教师的生活质量和工作积极性。合同中的明确规定可以为教师提供稳定的薪酬和全面的福利待遇，让他们能够专注于教育工作，不受外部经济波动的干扰。这不仅有助于吸引和留住高素质的教育人才，还有助于提高教育质量，培养出更多有潜力的学生。因此，政府和教育机构应该认真对待薪酬与福利保障的问题，制定合理的政策和合同，以确保教育体系的可持续发展和进步。只有通过建立稳定和激励的工作环境，我们才能够培养出未来的领袖和创新者，推动社会的进步和发展。

三、职业发展机会

教育是社会进步的基石，而教师则是教育事业的中坚力量。为了确保教育事业的持续发展，我们需要为教师提供合适的工作环境和职业发展机会。接下来，我们将探讨合同中应包括的教师职业发展机会，以支持他们的持续成长和专业发展。教师的职业发展机会是教育系统中的关键要素。这些机会不仅有助于提高教师的教育水平和专业技能，还能够激励他们更加投入到教育工作中，为学生提供更好的教育。

首先，教师的职业发展机会应该包括进修培训。教育领域不断发展，新的教育理念和教学方法不断涌现。为了跟上这些变化并提供最好的教育，教师需要定期参加进修培训课程。这些课程可以涵盖教学技巧、课程设计、教育技术等各个方面。合同中应规定，学校或教育机构将为教师提供这些培训机会，并支持他们在课堂中应用所学的知识和技能。进修培训的重要性在于，它使教师能够不断提高自己的专业水平，更好地满足学生的需求。通过不断学习和更新自己的知识，教师可以更好地适应教育领域的变化和挑战。这不仅有助于提高教育质量，还可以增强教师的自信心和满足感，从而更好地履行自己的职责。其次，职业发展机会还应包括学术交流。教师不仅需要在教育实践中不断提高，还应该积极参与学术界的交流与合作，这可以通过参加学术研讨会、撰写研究论文、与其他学校或机构的教师进行合作研究来实现。合同中应明确规定，学校或教育机构将支持教师参与学术交流活动，并鼓励他们积极参与教育研究。

学术交流的重要性在于，它能够帮助教师不断更新自己的知识，深化对教育领域的理解。通过与其他领域专家和同行进行交流，教师可以获取新的思想和观点，从而更好地指导学生。此外，学术交流还有助于提高教师的声誉和地位，为他们的职业发展创造更多机会。职业发展机会还应包括职称评定。职称评定是衡量教师专业水平的重要标准，它不仅能够激励教师提高自己的教育水平，还可以提供晋升机会和更好的薪酬待遇。合同中应规定明确的职称评定标准和流程，以确保评定过程的公平和透明。同时，学校或教育机构应为教师提供必要的支持和指导，帮助他们达到更高的职称水平。

而职称评定的重要性在于，它鼓励教师不断提高自己的教育水平，并为他们提供了晋升和职业发展的机会。通过职称评定，教师可以获得更高的职位和更好的薪酬待遇，这不仅对个人有利，还有助于提高整个教育系统的质量。因此，合同中应明确规定职称评定的相关政策和程序，以确保评定的公平和公正性。

在提供这些职业发展机会的同时，合同中还应规定教师的工作负荷和薪酬待遇。教师在不断提高自己的教育水平和专业技能的同时，也需要有足够的时间和资源来履行自己的教育职责。因此，合同中应明确规定教师的工作时间和工作任务，以确保他们有足够的时间来参加进修培训、学术交流和职称评定活动。此外，合同中还应规定教师的薪酬待遇。教育是一项重要的社会工作，教师的付出应该得到合理的回报。薪酬待遇应该与教师的教育背景、工作经验和职称水平相匹配。此外，合同中还应规定薪酬待遇的调整机制，以适应通货膨胀和生活成本的变化。

教师的职业发展机会是教育事业的重要组成部分。合同中应包括进修培训、学术交流和职称评定等机会，以支持教师的持续成长和专业发展。同时，合同也应规定教师的工作负荷和薪酬待遇，以确保他们有足够的时间和资源来参与职业发展活动。只有通过这些综合的支持措施，我们才能培养出更多优秀的教育工作者，推动教育事业不断前进，造福社会。让我们共同努力，为教育事业的繁荣和发展贡献自己的力量。

四、工作环境与条件

教育是社会进步和文明发展的重要引擎，而教师则被誉为培养未来一代的引路人。在教育体系中，确保教师具有适宜的工作环境和教学、研究条件是合同的重要部分，也是实现高质量教育的不可或缺的一环。教育是一项复杂而精密的工作。教师需要面对多样化的学生群体，每个学生都具有不同的学习需求和潜力。为了有效地满足这些需求，教师需要有一个舒适、安全和有序的工作环境。这个环境应当包括适当的教室设施，以确保教学过程的顺利进行。例如，教室应当配备现代化的教学设备，如电子白板、计算机和投影仪，以支持多媒体教学。此外，教室的座位布局应当能够促进学生之间的互动和合作，创造一个积极的学习氛围。而除了教室设施，教师还需要适当的教学资源。这包括教科书、教材、教学辅助工具等。教师依赖于这些资源来设计和实施课程，确保学生获得全面的教育。没有足够的教学资源，教师可能无法充分发挥自己的教育能力，学生也会受到影响。因此，提供充足的教学资源是保障教育质量的关键一步。

除了教学方面的工作，研究也是教师的重要职责之一，尤其是在高等教育机构。为了支持教师的研究工作，必须提供适当的研究设施。这可能包括实验室、图书馆、电脑实验室等。研究设施的质量和可用性直接影响到教师的研究成果和创新能力。如果教师没有合适的研究条件，他们将难以开展深入的研究工作，从而影响到学术界的发展和社会的进步。此外，教师的工作还需要获得足够的支持人员。这包括行政助理、实验室技术员、图书馆员等。这些支持人员的工作是为了帮助教师更好地履行他们的教学和研究职责。例如，行政助理可以协助教师处理日常事务，使他们能够专注于教育工作；实验室技术员可以提供实验设备的维护和支持，帮助教师进行科研工作；图书馆员则可以帮助教师获取研究所需的文献资料。没有足够的支持人员，教师可能会陷入烦琐的行政工作中，无法充分发挥他们的专业能力。

工作环境与条件对教师工作的重要性不可忽视。一个适宜的工作环境和教学、研究条件可以提高教师的工作效率和教育质量，从而对社会的进步和发展产生积极的影响。教育是培养未来一代的关键，而教师是教育体系的中坚力量。为了确保他们能够履行自己的职责，社会应当重视并投入足够的资源来改善教师的工作环境和条件。只有这样，我们才能真正实现高质量的教育，培养出有才华、有品德的新一代。这不仅是对教师的尊重和支持，也是对未来的投资和希望。

五、权利与义务平衡

权利与义务的平衡在教育体系中至关重要。教师合同的制定应该旨在确保这一平衡，以维护教师的权益，促进教育的质量，同时确保他们承担适当的责任和义务。

教师合同应明确规定教师的工作职责。这是确保教育体系正常运转的基础。合同应详细列出教师的教学任务、课程要求及其他与教育工作相关的职责，包括参与学校活动、辅导学生、评估学生的表现等。通过清晰地定义这些职责，教师可以更好地理解自己的工作职责，从而更好地履行自己的义务。此外，这也有助于学校和教育机构更有效地管理和评估教师的工作，以确保教育质量。然而，权利与义务的平衡不仅仅涉及教师的工作职责，还包括教师的权利，其中之一是学术自由，它是教育的核心价值之一。学术自由允许教师在教学和研究中拥有广泛的自主权。合同应该明确规定，教师有权自由选择教材、授课方法和研究方向，而不受不当干涉。这有助于保障教育的多样性和创新性，从而提高教育质量。同时，学术自由也有助于培养学生的独立思考和批判性思维能力，因为教师可以自由地传授不同的观点和见解。

另一个重要的权利是言论自由。教师应该享有一定的自由度，可以自由地表达自己的观点和意见，而不必担心遭到报复或惩罚。言论自由促进了学校内的积极讨论和知识交流，有助于培养学生的思考能力和批判性思维。当教师拥有言论自由时，他们更有可能为学生提供多样化的观点和见解，从而培养出更具广泛视野的学生。这有助于塑造开放、包容和多元的学术环境。然而，权利必须伴随着责任。合同还应明确规定教师应遵守的职业道德和行为准则。这些准则可以包括教育伦理、学术诚信和职业行为的规定。通过明确这些准则，合同确保了教师在行使其自由和权利时，也要承担适当的责任和义务。这有助于防止滥用职务权力，维护教育体系的公平性和透明度。

教育质量和学术诚信是教育体系的核心价值。因此，合同还应明确规定教师的义务，确保他们致力于提供高质量的教育，并遵守学术诚信的原则。教师应该积极参与课堂教学，提供有益的反馈和指导，以帮助学生充分发展。同时，他们也应该鼓励学生遵守学术诚信原则，不容忍抄袭、作弊和其他违反学术诚信的行为。教师应该起到榜样作用，教育和引导学生诚实和道德的行为。合同中的这些义务确保了教育体系的公平性和信誉，有助于维护学术界的声誉。

权利与义务的平衡在教育合同中是至关重要的。它确保了教师在履行其职责时既享有一定的自由和权利，又承担了适当的责任和义务。这有助于维护教育体系的稳定和健康运作，同时保护了教师和学生的权益。平衡权利与义务是建立一个强大和可持续的教育体系的基础，确保了教育的公平性、多样性和质量。因此，在制定和执行教育合同时，必须认真考虑如何实现这一平衡，以促进教育的发展和进步。只有通过确保教师既能够自由发挥其专业知识和创造力，又能够履行其道德和教育使命，我们才能够建立一个真正优质和有益于学生的教育体系。

第二节　学生教育服务合同的法律特性

一、合同性质的界定

合同性质的界定对于学生教育服务合同的理解至关重要。学生教育服务合同不仅仅是一份普通的商业交易，它具有独特的性质，因为它融合了教育和培养的目标，这使得它在法律和道德上都具有特殊性。学生教育服务合同是一种特殊的服务合同。在这种合同中，一方通常是教育机构，提供教育和培养服务；另一方则是学生或学生的法定代表人，支付学费并接受这些服务。这种合同涵盖了多个方面，包括但不限于学费、教育服务的提供、学习资源的使用等。

学生教育服务合同与传统的商品交易有着明显的不同。在商品交易中，双方主要关注的是物品的买卖，以及价格和交货条件等方面的细节。然而，在学生教育服务合同中，买卖的对象不是物品，而是知识和教育。这使得合同的性质变得更加复杂，因为教育本身是一种特殊的商品，无法像普通商品一样被量化和标价。因此，合同的定价和履行方式需要更多的考量和灵活性。

学生教育服务合同还涉及教育和培养的目标。与普通服务合同不同，这种合同的主要目的不仅仅是提供一项具体的服务，而是通过教育和培养来实现学生的学术和职业发展。这意味着合同的目标不仅仅是为了完成某项任务或提供某种服务，而是要确保学生在教育过程中取得良好的学术成绩和成长。这为合同的履行和评估增加了复杂性，因为它涉及了学生的个人发展和成就。此外，学生教育服务合同通常具有长期性。与一次性的交易不同，这种合同通常会在一定的时间段内进行，例如一学期、一年或更长的时间。这意味着合同的履行不是瞬间完成的，而是需要持续的努力和合作。教育机构需要在一段时间内提供教育和培养服务，学生则需要在此期间支付学费并参与学习。这种长期性使得合同的管理和监督变得更加重要，以确保双方都能达到预期的目标。

此外，学生教育服务合同也具有商业性质。学校或教育机构通常会向学生收取学费，这构成了一项商业交易。学费的支付和合同的签署都需要遵循法律和商业惯例，这使得合同在法律上具有明确的约束力。此外，教育机构通常也会向学生提供一系列的服务，例如图书馆资源、教学设施、辅导等，这些服务也构成了商业交易的一部分。

然而，将学生教育服务合同仅仅看作一项商业交易是不够的。如前所述，合同的本质在于提供教育和培养，这与普通商品或服务合同有着本质的区别。在这种合同中，学校或教育机构不仅仅是一方的供应商，他们还承担着教育者和导师的角色。他们需要关注学生的学术表现、个人成长和职业前景，这远远超出了普通商业交易的范畴。此外，学生教育服务合同也涉及学生的权利和义务。学生有权获得质量高、合理的教育服务，同时也有责任参与学习和遵守学校的规定。这种权利和义务的平衡关系是合同的重要组成部分，它确保了教育合同的公平和公正性。

学生教育服务合同是一种既具有商业性质又具有教育和培养目标的特

殊合同。它与传统的商品交易或服务合同有着明显的不同,因为它涉及知识和教育的传递,合同的目标是学生的学术和职业发展,而且通常具有长期性。尽管它具有商业性质,但它的本质在于教育,因此需要在法律和道德上受到特殊的关注和监管。了解合同的性质对于保护学生的权益和确保教育质量至关重要。

二、权利与义务的明确

教育服务合同的有效性和公平性在很大程度上依赖于双方的权利与义务得以明确。这一方面保障了教育机构提供高质量的教育服务,另一方面也确保了学生在学习过程中的权益不受侵犯。

首先,教育机构有明确的义务,其中之一是提供高标准的教学和学习环境。这包括拥有资质合格的教育师资,为学生提供丰富多样的教育资源,以满足他们的学术和个人发展需求。教育机构还应确保校园设施的安全和卫生,以创建一个有利于学习的环境。这意味着维护校园设施、定期检查和维修,并提供必要的学习资源,如图书馆、实验室和计算机设备。

其次,教育机构必须保证教学质量。这包括制定高质量的课程、招聘和培训优秀的教师,以及持续改进教育方法和教学材料。教育机构应确保课程的相关性和实用性,以帮助学生获得实际技能和知识,为他们的未来职业发展做好准备。同时,评估学生的学术表现,并提供必要的支持和辅导,以确保他们能够充分发挥潜力。而教育机构还有责任确保学生的安全。这包括采取必要的措施来预防校园暴力、欺凌和其他安全问题的发生。教育机构应建立有效的安全政策和程序,确保学生和教职员工的安全。如果发生安全事件,教育机构还应采取适当的行动,保护受害者并追究相关人员责任。

最后,学生也有一系列的权利与义务需要遵守。首先,学生必须遵守学校规章制度。这包括遵守课堂纪律、尊重教师和同学、不作弊和不参与任何违法活动。学生应该积极参与学校的教育过程,努力学习,并按照规定的学术要求完成课程。其次,学生还有义务按时支付学费。教育机构提供的服务需要投入人力、物力和财力,因此学费是维持学校运营和提供教育服务的重要来源。学生应当按照合同中约定的时间和方式支付学费,以确保教育机构能够正常运营，并继续提供高质量的教育。

教育服务合同中明确规定了教育机构和学生的权利与义务，这有助于建立公平和有效的教育关系。教育机构承担提供高质量教育服务的责任，包括提供良好的教学环境、保证教学质量和学生安全。学生则有责任遵守学校规章制度，积极参与学习，按时支付学费。通过双方共同遵守合同规定，教育体系能够更好地实现其教育使命，为学生提供优质的教育，帮助他们取得成功。这种明确的权利与义务关系有助于建立信任，维护学校的声誉，同时也保护了学生的权益，为他们的未来提供更多机会和可能性。

三、法律约束力与执行问题

学生教育服务合同作为一种法律文件，具有强大的法律约束力。一旦双方签署了合同，他们就不得不严格遵守合同中规定的各项条款和条件。这个合同不仅仅是一纸书面协议，更是双方在教育服务交付和接受过程中的法律保障和指导。因此，合同的签署不仅仅是一种形式，而是对双方权利和义务的明确规定。而且合同中应明确规定违约责任。这是确保合同履行的重要一环。合同中应明确列出各种可能的违约行为，以及每种违约行为所应承担的法律责任和制裁。这包括但不限于付款违约、服务质量不达标、不履行合同义务等情况。明确的违约责任条款有助于双方了解自己在合同中的权利和义务，也为解决潜在的争议提供了依据。而合同中的争议解决机制也是非常关键的一部分。争议解决机制是指在合同履行过程中，如果出现争议，双方应如何解决问题的规定。常见的争议解决方式包括调解、仲裁和诉讼等。这些方式各有优劣，但在合同中应明确规定选择哪种方式来解决争议。这样可以避免因争议而导致的耗时和费用，同时也为解决争议提供了明确的路径。

在教育服务合同中，通常会优先选择调解或仲裁这种非诉讼方式来解决争议。这是因为诉讼往往需要较长时间和高昂的费用，不仅会给双方造成经济负担，还可能损害双方的关系。调解和仲裁是一种更快速、经济的解决争议方式，通常由独立的第三方机构或专业人员进行调解或仲裁，确保公平和中立性。此外，合同中还应明确规定争议解决的具体流程和时间限制。例如，双方应在争议发生后多长时间内提出申请，调解或仲裁的程序应该如何进行，以及最终裁决的执行方式等等。这些都有助于确保争议得到及时解决，不会拖延合同的履行。另外一个需要考虑的问题是合同的执行问题。一旦合同签署，双方都有责任确保合同中规定的义务得到履行。在学生教育服务合同中，通常有以下几个方面需要特别关注。

学生教育服务合同通常包括了教育机构提供的具体服务和课程内容。在合同中应明确规定这些服务的具体内容、质量标准及交付时间表。教育机构有责任按照合同规定的要求提供高质量的教育服务，确保学生能够获得预期的教育成果。关于付款义务的执行，合同中通常包括了学费或服务费的支付方式和时间。学生有责任按照合同规定的时间和方式支付费用，而教育机构则有责任确保收到的费用用于提供教育服务。如果有关付款的争议，合同中的违约责任和争议解决机制将起到关键作用。

另外，合同中还可能包括其他各种具体的执行条款，例如学生的出勤要求、作业提交时间、考试安排等。这些条款都应当被双方认真遵守，以确保合同的顺利履行。合同的解除和终止也是一个需要考虑的问题。合同中应明确规定在什么情况下可以解除合同，以及解除合同的程序和后果。例如，如果学生因特殊原因需要提前终止合同，应该清楚规定解除合同的程序和可能的违约责任。

学生教育服务合同在法律上具有强大的约束力，双方都有责任严格遵守合同条款。合同中的违约责任和争议解决机制是确保合同履行的关键因素，而合同的执行问题也需要双方共同努力确保合同的顺利履行。通过明确的合同条款和合同管理，可以有效地解决潜在的问题，保障学生和教育机构的权益，维护合同的合法性和公平性。因此，在签署学生教育服务合同时，双方都应认真阅读合同条款，并理解自己的权利和义务，以确保合同的顺利履行和教育目标的实现。

四、教育的公共性与合同的私法性质的关系

教育服务合同因其涉及个体与教育机构之间的交易，通常被视为私法合同。然而，教育具有一定的公共性，这使得教育服务合同在某些方面受到特定的法律和政策规范的影响和限制。

教育被认为具有公共性，因为它是社会中的一个重要组成部分，直接

影响到国家的未来发展和社会的整体进步。因此，教育的公共性要求政府对其进行监管和管理，以确保教育资源的公平分配、教育质量的提高以及社会中每个人都能够获得教育的机会。这就意味着教育服务合同不能仅仅按照私法合同的一般规定来执行，而必须考虑到教育的公共性质。例如，在教育服务合同中，费用的设定就受到更为严格的公共法规制约。政府通常会设立教育费用的上限，以确保教育不会成为社会中贫困人群无法承担的奢侈品。这意味着教育机构不能随意提高学费，而必须遵守政府规定的收费标准。这种制约是为了保障教育的公平性，确保每个人都能够获得教育的机会，而不受经济状况的限制。

由于教育对社会的重要性，政府通常会制定教育质量标准和评估机制，以确保教育机构提供的教育达到一定的质量水平。教育服务合同必须遵守这些标准和评估要求，以保证教育的质量和有效性。如果教育机构未能达到政府规定的标准，可能会面临处罚或吊销教育资质的风险。此外，教育服务合同还受到教育政策的影响。政府可能会制定教育政策，例如教育改革计划或教育优先政策，以调整教育体系的发展方向和重点。这些政策可能会导致教育服务合同的内容和执行方式发生变化。教育机构需要根据政府的政策要求来调整课程设置、教学方法和教育目标，以适应政策变化。

教育服务合同虽然具有私法合同的性质，但由于教育本身具有一定的公共性，因此在其制定和执行过程中需要考虑到特定的法律和政策规范。这包括费用设定的制约、教育质量的保障及教育政策的影响。教育服务合同的目标是确保每个人都能够获得平等的教育机会，并为社会的整体进步做出贡献。因此，它需要在私法的框架下，与教育的公共性相互协调，以实现教育的公平、质量和可持续发展。

五、适应性与灵活性

教育领域的快速变化是一个不可忽视的现实，这使得教育服务合同必须具备高度的适应性和灵活性。在这方面，合同的设计和执行必须考虑到以下几个方面，以确保它们能够有效地应对技术进步、课程更新、教育政策变化等因素的影响，同时又能够保护双方的基本权益。

首先，合同应明确规定双方的权利和义务，但也需要设定一定的灵活性，以允许在特定情况下进行调整。例如，如果教育政策出现了变化，导致某些教学方法或课程内容需要调整，合同应明确规定了如何进行这些调整，以及何时需要双方的协商和同意。这样可以确保教育服务提供商和学生之间的合作能够适应政策变化，同时也保护了学生的权益，确保他们能够获得符合最新标准的教育。其次，合同应考虑到技术进步的影响。随着科技的不断发展，教育方式和工具也在不断演变。因此，合同需要包含条款，允许在必要时更新教育技术和工具，以确保教育内容和方法保持最新和有效。这需要明确规定更新的程序和时间表，以及如何处理可能出现的额外费用或成本分担。这样可以确保学生在教育过程中能够受益于最新的教育技术，提高他们的学习体验和成果。

由于教育领域的知识和信息不断扩展和更新，因此课程内容也需要随之调整。合同应明确规定如何处理课程更新的问题，包括哪些课程需要更新、如何通知学生和教育服务提供商，以及更新课程的时间表。这可以确保学生能够接收到最新和相关的课程内容，提高他们的学习效果。另一个需要考虑的因素是学生的个体差异。每个学生都有自己独特的学习需求和背景，因此合同应允许一定程度的个性化教育。这可能包括不同的教学方法、学习资源或考核方式。合同可以规定学生和教育服务提供商之间的协商和沟通机制，以满足学生的个性化需求，提高他们的学习体验和成果。

此外，合同还应考虑到教育服务提供商的商业模式和盈利能力。教育是一项长期的投资，教育服务提供商需要确保他们能够获得合理的回报，以维持高质量的教育服务。因此，合同可以包含关于学费调整和付款计划的条款，以确保教育服务提供商能够维持可持续的经营模式。而且合同可以规定教育服务提供商需要定期评估教育质量，并根据评估结果进行改进。这可以通过设定评估标准、频率和方法来实现。同时，合同还可以规定学生有权提供反馈和建议，以帮助改进教育质量。这样可以确保教育服务提供商不断提高他们的教育水平，满足学生的需求。

教育服务合同必须具备适应性和灵活性，以应对快速变化的教育领域。合同应明确规定双方的权利和义务，同时允许在特定情况下进行调整，以适应技术进步、课程更新、教育政策变化等因素的影响。这样可以确保学生能够获得最新和高质量的教育，同时也保护了教育服务提供商的商业利益。适应性和灵活性是建立健全的教育体系的关键要素，合同的设计和执行必须充分考虑到这些因素，以实现教育的可持续发展和学生的成功。

第三节　合同纠纷的法律解决途径

一、诉讼途径

诉讼途径是解决合同纠纷的一种重要方式。在合同履行过程中，当一方或双方不能满足合同条款，导致争议时，诉讼成为一种可能的解决方案。当一方认为合同的另一方没有履行其合同义务时，可以选择向法院提起诉讼。这通常涉及起诉方（原告）向法院提交一份诉状，详细陈述合同违约的情况及所要求的救济措施。被告会收到一份正式通知，并有机会提出答辩，解释他们的立场。法院将安排庭审，听取双方的证词和证据，然后做出裁决。这个过程通常需要时间和资源，因此在决定提起诉讼之前，当事人需要慎重考虑。

诉讼程序通常包括以下几个步骤：首先是诉讼的提起，原告向法院提交诉状，并通知被告。其次是答辩阶段，被告提交答辩书，回应原告的指控。再次是证据收集阶段，双方会提交证据支持自己的主张，可以包括书面文件、证人证言和专家意见。从次是庭审阶段，双方在法庭上陈述自己的观点，并回答法官的问题。最后是判决阶段，法官将根据法律和证据做出最终裁决。在诉讼过程中，可能会遇到各种问题和挑战。首先，诉讼是一个复杂的过程，需要了解法律程序和法规。如果当事人没有足够的法律知识或专业帮助，可能会在诉讼中迷失方向。其次，诉讼通常需要时间和金钱投入，包括律师费、法院费用和可能的赔偿金。这可能会给当事人带来财务压力。最后，诉讼可能会对双方的关系产生负面影响，因为它通常是一场激烈的法律战斗，可能会导致敌对情绪和破裂的关系。

诉讼也有其优点。首先，诉讼可以提供一种有力的手段来强制执行合同，确保合同的履行。如果一方没有履行其合同义务，另一方可以通过诉讼获得法院的判决，迫使违约方履行合同或支付赔偿金。其次，诉讼通常能够提供相对明确和稳定的法律解释，有助于解决争议。法官会根据法律和证据做出判断，这有助于确保公平和公正。最后，诉讼通常能够提供广泛的救济措施，包括赔偿金、合同解除、具体履行等选项，以满足原告的不同需求。然而，诉讼并不是解决合同纠纷的唯一途径。除了诉讼外，当事人还可以考虑其他解决争议的方法，如谈判、调解和仲裁。这些方法可以更快速、经济高效，并且通常更有利于维护双方的关系。谈判是当事人直接沟通，试图达成协议，避免了法院程序的时间和费用。调解是由一个独立的中立人协助双方达成协议，通常更加灵活和私密。仲裁是由一位独立的仲裁员做出最终裁决，类似于法院判决，但通常更迅速和便宜。

在选择诉讼还是其他解决方法时，当事人需要综合考虑各种因素。首先，当事人需要考虑合同的性质和争议的复杂程度。一些争议可能只需要简单的谈判就能解决，而另一些可能需要法院的干预。其次，当事人需要考虑时间和金钱的成本。诉讼通常需要更长的时间和更多的金钱，而其他解决方法可能更快速和经济高效。最后，当事人还需要考虑双方的关系。如果双方希望保持良好的合作关系，可能更愿意选择非诉讼解决方法，以避免破裂。

诉讼是解决合同纠纷的一种重要途径，但并不是唯一的选择。在决定是否提起诉讼时，当事人需要综合考虑各种因素，包括合同性质、争议复杂程度、时间和金钱成本，以及双方关系的重要性。同时，当事人还可以考虑其他解决争议的方法，如谈判、调解和仲裁，以便更好地满足他们的需求。无论最终选择哪种方式，解决合同纠纷的目标是维护法律和合同的权益，确保公平和正义的实现。

二、仲裁程序

仲裁程序是解决商业合同纠纷的一种流行方式，它在许多情况下被视为比诉讼更快速、更经济高效的解决方案。在商业合同中，通常会包含一些仲裁条款，这些条款规定了在发生争议时双方同意将争议提交给仲裁机构进行解决的条件。这些仲裁条款通常会明确规定选择的仲裁机构、程序和法律适用。当合同各方出现分歧时，一方可以通过通知对方并提起仲裁来启动仲裁程序。

一旦仲裁程序启动,接下来就是仲裁过程的基本流程。仲裁通常分为几个阶段,包括提交仲裁申请、选择仲裁员、开庭审理、证据呈报和最终裁决。首先,仲裁申请的提交是指起诉方向仲裁机构提交正式的仲裁申请书,其中包括了争议的详细情况、请求的救济措施及相关证据。接着,双方将选择仲裁员,通常是经验丰富、熟悉相关领域的专业人士。仲裁员的选择是关键,因为他们将负责听取双方的陈述、审理证据并最终做出裁决。随后,仲裁程序将进入开庭审理阶段,双方将在仲裁庭上陈述自己的观点,提交证据并进行交叉审订。这个阶段类似于诉讼中的法庭审理,但更加灵活和高效。仲裁庭的程序由仲裁员主持,以确保公平和正义。在证据呈报阶段,双方将提交证据支持自己的主张。这可能包括书面文件、合同、电子邮件通信、证人陈述和专家报告等。证据的呈报和审查通常会在开庭审理之前进行,以确保双方有足够的时间准备自己的案件。最终,仲裁庭将做出裁决。这个裁决是最终的,双方必须遵守。仲裁裁决通常由仲裁员签署,具有法律约束力。如果一方不遵守裁决,另一方可以寻求法院的执行。仲裁裁决的执行是一个重要的问题,因为它确保了仲裁的有效性。

除了上述基本流程,仲裁还有一些其他重要的方面。首先是仲裁的隐私性和保密性。与诉讼不同,仲裁通常是私下进行的,不对外公开。这有助于保护商业机密和敏感信息,同时也减少了公开审判的成本和时间。另一个重要的方面是仲裁的灵活性。与法院审判相比,仲裁更加灵活,双方可以根据需要安排听证会和程序。这可以加快解决纠纷的速度,并减少了法律费用。

此外,仲裁也可以在国际商业领域发挥重要作用。在跨国合同中,各方可能位于不同的国家,而仲裁可以提供一个中立的解决争议的机制,避免了不同国家法律体系的复杂性。然而,仲裁也有一些挑战和争议。一些人担心,仲裁可能不如法院审判公正,因为它通常是由一名仲裁员裁定,而不是由陪审团或法官。所以,一些人会担心,仲裁机构可能受到某些商业利益的影响,导致不公平的裁决。

此外,仲裁费用也可能成为问题。尽管仲裁通常更加经济高效,但仲裁费用仍然需要支付,包括仲裁员费用、仲裁机构费用和律师费用。对于一些小型企业或个人来说，这可能是一项负担。而一些人可能担心仲裁裁决的执行问题。虽然仲裁裁决具有法律约束力，但如果一方不遵守裁决，另一方可能需要寻求法院的帮助来执行裁决，这可能会导致进一步的法律程序和费用。

仲裁程序作为解决商业合同纠纷的一种流行方式，在许多情况下都能够提供有效的解决方案。它具有隐私性、灵活性和国际性的优势，但也面临公正性、费用和执行等挑战。因此，选择是否采用仲裁取决于具体情况，需要仔细权衡利弊，并确保在合同中明确规定仲裁条款以确保纠纷得以妥善处理。

三、调解和和解

在调解和和解作为非对抗性纠纷解决方法中，调解占据了重要地位。调解的过程首先涉及双方的自愿参与，没有任何一方可以被强制要求参加。然后，选择合适的调解员变得至关重要。调解员通常应具备相关领域的专业背景，如法律、心理学或商业，以便更好地理解争议的性质。调解员必须保持中立和公正，不偏袒任何一方，并且在一些国家和地区，他们需要接受专业培训和获得认证。此外，调解员的经验也可以影响调解的质量，因此了解其工作历史和案例经验是明智之举。

在调解会议开始时，调解员会向双方解释调解的流程和原则，以确保各方都理解。接下来，双方将有机会陈述他们的观点、需求和利益，而调解员则会倾听但不会做出决定。调解员的角色在于协助双方找到共同点，并促成达成争议解决协议的协商。如果双方成功达成协议，那么协议将被书面记录，双方签署并履行，这份协议在法律上具有约束力。

调解协议的法律效力取决于多个因素。首先，协议必须符合国家或地区的法律要求，包括书面形式、签署程序和内容合法性。其次，调解是自愿性质的，双方必须自愿签署协议。如果协议是在强迫或欺诈的情况下达成的，可能会被法院撤销。最后，协议必须清晰明确，没有歧义，以防止后续争议。一旦协议达成，双方可以向法院请求认可，并将其纳入判决中，从而赋予协议法律强制力。协议通常还规定了各方的权利和义务，以及违约后的后果。

和解作为另一种非对抗性纠纷解决方式通常在诉讼程序中使用。和解的可能性取决于多种因素，包括各方是否充分了解争议的性质、法律和事实情况，缺乏信息可能会导致不明智的和解决策。因此，在决定和解时，各方应充分考虑各种条件和可能性。综上所述，调解和和解是促进非对抗性纠纷解决的重要工具，它们有助于减轻法律程序的负担，并有助于维护社会和谐。选择合适的调解员、了解调解协议的法律效力以及谨慎考虑和解的条件都是确保这些方法成功的关键因素。

四、替代性纠纷解决机制

替代性纠纷解决机制（Alternative Dispute Resolution，ADR）在当今社会中扮演着越来越重要的角色，作为传统纠纷解决方式的补充，ADR 为当事人提供了更加灵活、高效、经济和个性化的解决途径。

与传统的法律诉讼相比，ADR 具有多个明显的优点。首先，ADR 通常更加迅速，可以快速解决争议，减少了时间和精力的浪费。其次，ADR 通常更加经济高效，因为它避免了昂贵的法律程序和律师费用。再次，ADR 通常更加灵活，可以根据具体情况量身定制解决方案，更好地满足各方的需求。最后，ADR 有助于维护良好的关系，因为它通常是协商和合作的过程，而不是对抗性的对峙。然而，ADR 并非在所有情况下都适用。它更适合一些特定类型的争议，例如合同纠纷、家庭纠纷、劳动纠纷等。对于一些更复杂、涉及法律问题的纠纷，可能需要法律诉讼来解决。此外，ADR 需要各方自愿参与，如果一方不愿意合作，就无法进行 ADR。因此，在选择 ADR 作为解决方式时，必须考虑到各方的意愿和能力。

关于 ADR 的操作流程，不同的 ADR 方法有不同的步骤和程序。其中两种常见的 ADR 方法是协商和专家评估。协商是一种最基本的 ADR 方法，它涉及各方通过直接对话来解决纠纷。在协商过程中，各方可以自行达成协议，而无须第三方介入。协商的好处是灵活性极高，各方可以自行掌握解决纠纷的权力，并在协商的过程中保留对结果的控制。然而，协商也可能面临各方之间的不平等和情感因素的干扰，可能需要中立的调解员来帮助促成协议。而专家评估是另一种 ADR 方法，它涉及请专业人士（通常是专家或仲裁员）对争议进行评估，并提出解决方案。专家评估的好处是可以借助专业知识和经验来解决复杂的纠纷，而且结果具有法律约束力。这种方法通常用于需要专业知识的争议，如知识产权纠纷或技术合同纠纷。然而，专家评估可能较为昂贵，并且可能需要一段时间来完成。除了协商和专家评估，还有其他多种 ADR 方法，如调解、仲裁和和解。每种方法都有其适用的情况和优点，选择哪种方法取决于争议的性质和各方的需求。

ADR 是一个多样化的领域，为各种争议提供了多种解决途径。它具有迅速、经济、灵活和关系维护的优势，但也有其适用条件和局限性。在选择 ADR 作为解决方式时，必须慎重考虑争议的性质和各方的需求，以确保达到最佳的解决结果。通过深入了解 ADR，我们可以更好地理解如何在当今复杂的社会环境中解决纠纷，促进公平、正义和和解。

第五章
知识产权在高校的保护

在当今日益进步的知识经济时代，知识产权已成为高校创新发展的核心资产和关键推动力。本章着重探讨了"知识产权在高校的保护"这一重要议题。高校作为科学研究与人才培养的重镇，其知识产权的保护不仅关系到学术研究的健康发展，也直接影响到国家创新体系和经济发展的全局。

本章首先概述了教师与学生的知识产权，探讨这一群体在创新过程中所产生知识成果的性质与保护需求。其次，章节转向高校知识产权的法律规定与实施，这不仅涉及法律框架的构建，也包括高校在实际操作中应如何遵守和执行这些规定。再次，对于高校科研成果的权益分配进行了深入探讨。这一部分将解析科研成果的权益如何在创作者和高校之间公平有效地分配，以激发科研人员的创新动力，同时保障高校的合法权益和科研投入的合理回报。最后，本章对知识产权侵权的处理机制进行探讨，这关乎如何建立健全的侵权识别、预防和应对措施，以维护高校知识产权的完整性和高校学术诚信的根本。

本章旨在提供一个全面的框架，以理解和解决高校在知识产权保护方面面临的挑战，旨在为高校知识产权保护的政策制定者、实施者及学术界提供参考和指导。通过对这些关键领域的深入剖析，我们既能够突显知识产权在高校中的重要性，也能够为未来高校知识产权的管理和保护提供明确的方向和策略。

第一节　教师与学生的知识产权概述

一、知识产权的基本概念和重要性

知识产权，作为现代社会不可或缺的一部分，具有极其重要的地位和作用。我们需要对知识产权的基本概念有一清晰的认识。知识产权包括了多种类型，其中最常见的包括版权、专利、商标等。这些不同类型的知识产权为创作者、发明家和企业提供了保护他们的创造性和创新性工作的法律框架。

版权是一种知识产权形式，它赋予了创作者对其创作作品的独占权利。这意味着，如果你是一位作家、艺术家或音乐家，你可以拥有并控制你的作品，包括其复制、分发和表演权利。这不仅鼓励了创作者积极创作，还确保了他们能够从他们的作品中获得合理的报酬。

专利是另一种关键的知识产权形式。专利赋予了发明家对其发明的独占权利，通常在一定期限内。这意味着，如果你发明了一项新技术或产品，你可以申请专利保护，防止他人在一定时间内复制或使用你的发明。专利激励了创新，因为它为发明家提供了保护和经济激励，以继续研发新技术。

另一个重要的知识产权形式是商标。商标是用于识别和区分特定产品或服务的标志、符号或名称。拥有商标意味着你可以独占地使用该标志来标识你的产品或服务，这有助于建立品牌认知度和信誉。消费者可以通过商标来识别他们信任和喜欢的品牌，这对企业的成功至关重要。

了解和尊重知识产权的重要性不言而喻。首先，知识产权保护鼓励了创新和创造性工作。当创作者、发明家和企业知道他们的作品和发明会受到法律保护时，他们更有动力去投入时间和资源来开发新的想法和产品。这不仅有助于推动科技进步，还促进了文化和艺术的繁荣。其次，知识产权保护有助于维护公平竞争。企业可以在竞争市场中争取消费者，但必须遵守知识产权法规。这确保了创新者不会受到不正当竞争的侵害，维护了市场的公平性和透明度。这对于经济的健康和可持续增长至关重要。最后，知识产权还对教育和学术研究领域具有特殊的重要性。在学术界，研究人员依赖于知识产权法规来保护他们的研究成果。科学家和学者需要确保他们的发现和创新不会被未经授权的使用或复制，以便继续推动知识的边界。这也适用于教育领域，教育机构需要保护他们的教材和课程设计，以确保高质量的教育体验。

知识产权也引发了一些争议和挑战。首先，一些人担心知识产权法规可能对公众利益产生不利影响，因为它们可能导致某些创新受到垄断和高昂的费用限制。例如，药物专利可能导致药物价格过高，限制了患者的使用。其次，知识产权的全球性质引发了国际间的复杂问题。不同国家的知识产权法规不同，导致了跨国企业和国际贸易中的挑战。如何在全球范围内保护知识产权并促进国际合作是一个长期亟待解决的问题。

知识产权对于社会、经济和文化的发展都具有巨大的重要性。它鼓励创新和创造性工作，维护公平竞争，保护知识和文化的多样性，同时也引发了一些复杂的问题和争议。因此，我们需要认真思考如何平衡知识产权的保护和公众利益，以确保社会的全面发展和繁荣。

二、教师知识产权的特点与挑战

教育领域的教师，作为知识的传递者和创造者，积累了大量的知识产权，这些知识产权包括教学材料、科研成果、书籍、文章等。这些知识产权在教育过程中具有重要的价值，但也面临着一系列独特的特点与挑战。而且教师在教学和研究过程中创造的知识产权种类繁多，包括教案、课件、讲义、考题、教材、科研论文等等。这些知识产权涵盖了不同领域和形式，因此具有多元性，需要不同的管理和保护策略。教师知识产权的创作过程常常依赖于个体的智慧和努力。教师在教育和研究中，通过个人的思考、研究和创作，产生了独特的知识产权。这些知识产权常常与个体的经验、专业知识和教育哲学密切相关，因此具有个性化和独特性。这也意味着，教师对其知识产权的保护和管理需要考虑到个体差异和个性化需求。

另外，教师知识产权的特点还包括其与教育机构或第三方机构的关系。教师通常在学校或其他教育机构工作，这意味着他们的知识产权可能涉及知识产权归属和使用权的问题。例如，教育机构可能主张对教师创作的教材或课程拥有所有权，或者与教师签订合同规定知识产权的归属。这种情况下，教师需要面对如何平衡个人创作与机构利益之间的关系。在面对这些特点时，教师在知识产权保护和管理方面面临着一系列挑战。教师需要考虑如何保护自己的知识产权免受侵权或盗用的风险。教育领域存在着知识的流动性和分享性，教师常常需要与同行合作，分享教材和研究成果。然而，这也增加了知识产权被不当使用的风险。因此，教师需要制定有效的策略，如使用水印、版权声明等，来保护自己的知识产权。

教师需要解决知识产权的归属和使用权问题。在与教育机构或第三方机构的合作中，可能会涉及知识产权的归属和分配。教师需要清晰地了解自己的权利和义务，以避免后续的纠纷和争议。这也需要教师在合同签订和合作协议中具备一定的法律意识和谈判能力。

教师还需要考虑如何平衡个人创作和教育机构的利益。教育机构通常希望拥有对教师创作的知识产权的一定控制权，以确保教育质量和一致性。然而，教师也希望保留一定的创作自由和知识产权。这需要双方进行沟通和协商，以找到平衡点。此外，教师知识产权的管理也需要考虑到教育政策和法律法规的影响。不同国家和地区的教育政策和法律对教师知识产权的保护和管理有不同的规定。教师需要了解和遵守相关法律法规，以免触犯知识产权法律，同时也要关注知识产权法律的变化和更新。

教师知识产权的管理也需要注重教育伦理和职业道德。教育是一项高度责任和伦理性的工作，教师在知识产权的使用和管理过程中应遵循伦理原则，不做伪造、抄袭或侵权的行为。同时，教师也应积极参与知识的共享和传递，促进教育领域的进步和发展。

教师知识产权具有多元性、个性化、与机构关系相关的特点，面临着保护、归属、利益平衡、法律法规和伦理职业道德等方面的挑战。教师需要具备一定的知识产权意识和管理能力，以更好地保护和管理自己的知识产权，同时也促进教育领域的可持续发展和进步。这是教育领域的教师们所面临的重要议题，也需要不断的探讨和研究，以找到最合适的解决方案。

三、学生知识产权的状况与保护

学生在其学习和研究过程中不仅仅是知识的接受者，更是知识的创造者。他们通过参与各种学术项目、完成课程论文、设计作品和研究报告，不断积累知识和经验。这些努力所产生的知识产权是学生的财富，因此需要深刻讨论如何保护和维护这些知识产权。

课程论文、设计作品和研究报告代表了学生的智慧和努力，这些成果有时候甚至可以成为未来职业的垫脚石。在学术界，学生的研究成果可以为学术界的发展提供新的见解和突破，从而对学科做出贡献。在商业界，创新的设计作品和技术研究可能会成为新产品或服务的基础，为企业带来竞争优势。因此，学生知识产权的重要性不可低估。

然而，学生知识产权的状况并不总是得到充分的保护。一方面，学生可能因缺乏知识产权意识而忽略了自己的权益。他们可能认为，他们的学术作品仅仅是为了完成课程要求，而不是自己的财产。这种观念可能导致学生不主动采取措施来保护自己的知识产权。另一方面，学校和教育机构的政策也可能影响到学生知识产权的保护。一些学校可能会要求学生放弃对其学术成果的知识产权，或者将其归为学校所有。这种情况下，学生可能会失去对自己知识产权的控制权。

为了保护学生知识产权，首先需要加强知识产权教育。学生应该在学校中接受关于知识产权的培训，了解自己的权益及如何保护这些权益。学校和教育机构应该制定明确的政策，保障学生的知识产权。这些政策应该明确规定学生在学术作品中的知识产权归属，并确保学生有权保留自己的知识产权。此外，学校还可以提供法律咨询和支持，以帮助学生处理知识产权纠纷。学生也应该主动采取措施来保护自己的知识产权。他们可以考虑申请专利或版权，以确保他们的创作得到法律保护。学生还可以采取保密措施，防止他人未经许可使用或复制他们的作品。在学术界，学生可以选择在学术期刊中发表自己的研究成果，以确保其知识产权得到认可和保护。在商业界，学生可以与企业签订合同，明确规定知识产权的归属和使用权。

维护学生知识产权不仅对学生个人重要，也对社会和经济发展有积极影响。保护学生知识产权可以激励他们更积极地参与创新和研究活动，促进科技进步和社会发展。此外，保护知识产权也可以鼓励学校和教育机构更多地投资于研究和创新领域，提高教育质量和学术水平。

学生知识产权的状况与保护是一个重要而复杂的问题。学生应该认识到自己的知识产权价值，学校和教育机构应该制定明确的政策来保护学生的权益，而学生也应该主动采取措施来保护自己的知识产权。只有这样，我们才能真正实现知识产权的保护，激发学生的创造力和创新潜力，推动社会和经济的可持续发展。

四、法律法规与政策框架

在教育领域，知识产权是一个备受关注的话题，涵盖了教师和学生的权利和义务。接下来将介绍影响教师和学生知识产权的相关法律法规和政策框架，以及如何在现行法律的指导下，合理处理教育领域内的知识产权问题，包括版权侵权和专利申请等。

首先，我们需要了解教育领域的知识产权问题主要涉及版权、专利和商标。在美国，《版权法》是最常见的知识产权法律之一。《版权法》保护了原创文学、音乐、艺术和其他创作作品的权利。教育领域中的教材、课程设计和学术论文通常受到《版权法》的保护。教师和学生需要遵守《版权法》，确保他们的教育材料或研究成果不侵犯他人的版权。此外，教育领域还涉及《专利法》。专利是一项技术或发明的独家权利，通常与研究和创新密切相关。教育机构和研究人员可能会涉及专利，尤其是在科学和工程领域。他们需要了解《专利法》，以确保他们的研究和发明受到适当的保护，同时也需要尊重他人的专利权。

在美国，知识产权法律和政策由联邦政府和各州制定和执行。《版权法》和《专利法》规定了知识产权的范围、保护期限和侵权行为。除此之外，美国政府还颁布了《数字千年版权法》（Digital Millennium Copyright Act，DMCA），以适应数字时代的版权问题。对于教育领域，有一些特殊的法律和政策框架需要考虑。首先是《家庭教育权利和隐私法》（Family Educational Rights and Privacy Act，FERPA）。FERPA规定了学生教育记录的保护和隐私，限制了谁可以访问这些记录及如何使用它们。教师需要了解FERPA，以确保他们在处理学生教育记录时不违反法律。

其次，教育领域还受到《保护知识产权政策》（Preventing Real Online Threats to Economic Creativity and Theft of Intellectual Property Act of 2011，PIPA）的影响。许多教育机构拥有自己的知识产权政策，这些政策规定了教师和

学生的知识产权权利和义务。这些政策可能会有所不同，因此教育从业者需要了解自己所在机构的政策，并遵守其中的规定。

最后，开放教育资源（Open Educational Resources，OER）是在2002年的联合国教科文组织会议上被采纳的术语。OER是免费提供给教育界的教材、课程和资源，通常以开放授权发布，允许教育从业者自由使用、修改和分享。OER政策鼓励教育领域的知识共享和创新。

在处理教育领域内的知识产权问题时，有以下指导原则。

第一，尊重他人的知识产权。教师和学生应该避免侵犯他人的版权、专利和商标权。这包括在教育材料中引用他人的作品时，确保获得适当的授权或遵循公平使用原则。第二，了解自己的知识产权权利。教师和学生应该清楚自己在教育领域内创造的内容和研究成果是否受到知识产权法律的保护。如果是，他们应该了解保护期限和权利转让的规定。第三，教师和学生应该熟悉自己所在教育机构的知识产权政策，并遵守其中的规定。这包括教育材料的所有权归属、知识产权的共享和转让等方面。第四，利用开放教育资源。教育从业者可以考虑使用和贡献开放教育资源，以促进知识的共享和创新。这有助于减少知识产权争议，并提供更广泛的教育机会。第五，必要时咨询法律专家。如果教师或学生面临复杂的知识产权问题，他们应该寻求法律意见，以确保合法性和合规性。

教育领域的知识产权问题涉及多个法律法规和政策框架，需要教师和学生保持警惕，并遵守相关规定。尊重他人的知识产权，了解自己的权利，遵守机构政策，利用开放教育资源，以及咨询法律专家都是合理处理知识产权问题的关键步骤。通过遵守法律和政策，教育从业者可以确保知识产权的合法保护，同时促进教育领域的创新和共享。

第二节　高校知识产权的法律规定与实施

一、法律框架与基本原则

在高校内，知识产权的法律框架涵盖了多个层面，首先是国家法律。

国家法律是最基本的法律框架，它们为高校内的知识产权提供了明确的法律依据。国家法律包括了《中华人民共和国专利法》《中华人民共和国著作权法》《中华人民共和国商标法》等，这些法律明确定义了不同种类的知识产权，并规定了它们的保护范围和期限。高校内的教师和学生需要遵守这些国家法律，确保他们的知识产权得到充分的法律保护。

地方条例也在高校知识产权的法律框架中起着重要作用。地方条例可以根据具体地区的需要对国家法律进行细化和补充，以适应地方性的情况。例如，某个地区的高校可能会制定特定的知识产权管理规定，以更好地满足本地区的需求。这些地方性的法规也需要高校内的各方遵守。而高校通常会制定自己的知识产权政策和规定，以管理和保护内部创新和知识产权。这些规定可以包括知识产权的创造、使用、转让和保护等方面的具体规定。高校内部规定的目的是确保知识产权在高校内得到妥善管理和保护。

在高校知识产权的法律框架下，有一些基本原则需要被明确遵守。首先，知识产权的创造者应当享有合法的知识产权权利。这意味着教师和学生在创新时，应当得到适当的法律保护，以激励他们的创新活动。其次，知识产权的使用应当遵守法律和伦理原则。高校内的知识产权应当用于合法和道德的目的，不应被滥用或侵犯他人的权利。这一原则旨在维护知识产权的合法性和社会责任感。最后，知识产权的保护也是一个重要的原则。高校应当采取必要措施来保护内部创新和知识产权，包括制定保密协议、技术转让协议等。这些措施有助于防止知识产权的泄露和侵权。

而且知识产权的转让和共享也应当受到法律框架的规范。高校内部应当建立明确的规则，以确保知识产权的合法转让和共享，促进创新和知识的传播。而高校知识产权的法律框架和基本原则需要与国际标准和协定保持一致。随着全球化的发展，高校之间的合作和知识交流变得日益频繁。因此，高校知识产权的法律框架应当与国际上通行的标准和协定相一致，以便更好地与国际合作伙伴合作。

高校知识产权的法律框架和基本原则对于创新和知识的保护至关重要。这一领域的法律框架应当明确和全面，涵盖国家法律、地方条例和高校内部规定。同时，基本原则应当包括知识产权的创造、使用、保护、转让和共享等方面的要求，以确保高校内的知识产权体系得到有效管理和保护。最终，高校知识产权的法律框架应当与国际标准保持一致，以促进国际合作和知识交流。这一切有助于推动高校的创新和知识产出，为社会进步和发展做出积极贡献。

二、知识产权的归属与分配

知识产权的归属与分配是一个复杂而关键的问题，特别是在高校科研项目中，它涉及教师、学生、高校、外部企业或研究机构等多个参与方之间的权利和义务。

教师和学生在科研项目中的贡献是知识产权归属的重要考虑因素。一方面，教师通常在项目的设计、指导、实验和数据分析等方面发挥关键作用。他们可能提供了项目的初始想法，设计了实验方案，并在研究过程中提供了指导和专业知识。这些贡献应被视为知识产权归属的重要依据之一。另一方面，学生作为项目的执行者，也会对项目的成功做出重要贡献。他们可能参与实验工作、数据采集、文献研究等任务，这些努力也应被纳入知识产权分配的考虑范围。

而关于知识产权的所有权或使用权，则需要根据具体的情况来进行分配。通常情况下，高校会拥有项目的知识产权所有权，因为项目往往是在高校的研究环境中进行的，受到高校的支持和资源。然而，教师和学生的贡献不能被忽视。一种常见的做法是，高校与教师之间签订协议，明确知识产权的分配比例。这个比例可能根据教师的贡献程度来确定，以确保他们得到应有的回报。同时，学生通常会在项目完成后获得学术荣誉或奖励，但他们可能不会直接获得知识产权的所有权。

此外，高校与外部企业或研究机构合作时，知识产权的分配也是一个关键问题。在这种情况下，合作双方需要明确各自的权益和责任。通常情况下，合作项目的知识产权可能会根据合同条款来进行分配。高校和企业或研究机构可能会共同享有知识产权，或者根据项目的不同阶段来分配。这个过程需要谨慎协商和明确合同，以确保各方的权益得到保护。

知识产权的归属与分配涉及多方利益的平衡。教师和学生在科研项目中的贡献应得到应有的回报，同时高校作为项目的支持者也应享有一定的权益。在与外部合作方合作时，需要明确合同中的知识产权条款，以保护各方的权益。这个问题的解决需要综合考虑项目的性质、各方的贡献和合同的具体内容，以确保公平和合法的知识产权分配。

三、知识产权的保护与维权

知识产权的保护与维权在现代社会中具有重要意义。高校作为知识创造和传播的重要场所，必须建立健全的知识产权保护机制，以确保知识的创造和分享能够顺利进行。这一机制包括知识产权登记、监测侵权行为以及采取法律手段进行维权等方面的措施。

知识产权的登记工作对于高校至关重要。它不仅有助于确立知识产权的所有权，还可以防止他人未经授权使用、复制或传播知识产权作品。高校应该积极推动知识产权的登记工作，设立专门的知识产权登记处，协助教职员工和学生将其创作的知识产权作品进行登记。这一举措不仅有助于保护创作者的合法权益，还能促进知识产权的规范管理，确保知识产权的合法使用。

知识产权的监测也是不可或缺的环节。在数字化信息时代，侵权行为变得更加复杂，高校需要建立有效的监测机制，以便及时发现侵权行为。通过技术手段和专业团队，高校可以监测学术论文、研究成果、教材等知识产权作品的使用情况。一旦发现侵权行为，高校应该迅速采取措施，包括警告侵权方、停止侵权行为及追求法律责任，以保护知识产权的合法权益。此外，高校还需要积极参与知识产权的维权工作。这包括与相关管理部门、知识产权组织和律师事务所等合作，采取法律手段维护知识产权。高校可以建立专门的知识产权保护团队，为教职员工和学生提供法律咨询和支持，协助他们处理知识产权纠纷。同时，高校也可以积极参与知识产权相关的立法和政策制定，推动法律环境的改善，加强知识产权的保护和维权。

需要强调的是，知识产权的保护与维权不仅仅是法律问题，也涉及教育和宣传工作。高校应该积极开展知识产权教育，培养师生的知识产权意识，使他们能够更好地理解和尊重知识产权，避免侵权行为的发生。此外，高校还可以通过举办知识产权宣传活动、研讨会和培训课程，提高全校师生对知识产权保护的重要性的认识,形成共识,共同致力于知识产权的保护和维权工作。

知识产权的保护与维权是高校应当高度重视的问题。建立健全的知识产权保护机制,包括登记、监测和法律维权等措施,是保护知识产权合法权益的重要途径。高校应该积极参与知识产权保护工作,不仅有助于维护知识产权的合法权益,也有助于促进创新和知识的传播,为社会的进步和发展做出贡献。知识产权保护不仅仅是一项法律责任,更是一项社会责任,高校应该发挥积极作用,推动知识产权保护工作的深入发展。只有这样,我们才能更好地保护知识的珍贵财富,推动社会的可持续发展。知识产权的保护与维权在现代社会中具有重要意义。高校作为知识创造和传播的重要场所,必须建立健全的知识产权保护机制,以确保知识的创造和分享能够顺利进行。这一机制包括知识产权登记、监测侵权行为以及采取法律手段进行维权等方面的措施。

四、知识产权的商业化与转化

高校知识产权的管理不仅仅涉及知识产权的保护,更重要的是如何将这些知识产权进行商业化与转化,以实现科研成果的最大化价值。这个过程包括了知识产权的许可、转让,以及与企业和其他研究机构的合作等多个方面。[①]

第一,高校需要建立一套有效的知识产权管理机制。这个机制应该包括了明确的知识产权政策和规定,以确保知识产权的合法保护。高校可以设立专门的知识产权管理部门,负责监督和管理知识产权事务,包括专利、商标、著作权等方面的管理。此外,高校还应该为教职员工提供知识产权培训,使他们能够更好地理解和管理自己的知识产权。

第二,高校可以通过知识产权的许可来实现商业化。这意味着高校可以将自己拥有的知识产权许可给其他企业或组织使用,以获取相应的授权费用。这种方式可以帮助高校获得额外的收入,并促进科研成果的应用。

---

① 张伟.依法治校与大学生思想政治教育管理法治化[D].上海:华东师范大学,2010.

例如，一家高校可以将其专利技术许可给一家企业，使其能够开发和销售相关产品。通过这种方式，高校可以与企业建立长期合作关系，共同推动技术的商业化发展。

第三，高校还可以考虑将知识产权进行转让。这意味着高校可以将自己拥有的知识产权出售给其他企业或机构，从中获得一笔收益。知识产权的转让可以是一种有效的商业化方式，尤其是对于那些无法自行开发和营销技术的高校来说。通过将知识产权转让给具有相关经验和资源的企业，高校可以实现科研成果的快速转化和商业化。

第四，高校还可以积极寻求与企业和其他研究机构的合作。这种合作可以包括联合研究项目、共享知识产权，以及共同开发新技术等方面。通过与外部合作伙伴合作，高校可以借助其合作伙伴的资源和经验，加速知识产权的商业化过程。例如，高校可以与一家技术公司合作，共同研发新产品，并共享知识产权。这不仅有助于高校获得经济效益，还可以扩大科研成果的影响力。

高校知识产权的商业化与转化是一个复杂而重要的过程，涉及知识产权的管理、许可、转让和合作等多个方面。高校需要建立一套有效的管理机制，以确保知识产权的合法保护和最大化的商业化价值。通过许可、转让和合作等方式，高校可以实现科研成果的商业化，促进社会价值的实现和经济效益的最大化。这不仅有助于高校自身的发展，还可以推动科技创新和社会进步的实现。因此，高校应该认真对待知识产权的商业化与转化工作，将其作为重要的发展战略之一。

五、知识产权教育与意识提升

知识产权教育与意识提升在高校的重要性不可忽视。除了法律和管理措施，高校应当充分重视知识产权教育，以培养师生在知识产权领域的正确意识和行为准则。

了解知识产权的重要性对于师生来说至关重要。知识产权是知识经济时代的核心，它涵盖了专利、商标、著作权等多个方面。高校应当向师生普及这些概念，让他们明白知识产权的保护不仅仅是企业的需要，也关系到个人和社会的创新和进步。只有当人们认识到知识产权的价值，他们才能更好地去尊重和保护它。

知识产权教育的另一个重要方面是教授基本的知识产权法律知识。师生需要了解知识产权法律的基本原则和规定，包括专利的申请和保护流程、商标的注册和维权方式、著作权的保护期限等。这些知识将有助于他们更好地理解和遵守知识产权法律，避免侵权行为的发生。此外，高校还可以邀请专业律师或法学教授来开设相关课程，使师生深入了解知识产权法律体系的复杂性和重要性。

知识产权教育不仅仅是理论知识的传授，还应当注重实践。高校可以鼓励学生参与知识产权相关的实践项目，如专利申请、商标注册、著作权保护等。通过亲身经历，学生可以更深刻地理解知识产权的实际运作和挑战，为未来的职业生涯做好准备。同时，高校也应当为教职员工提供机会参与知识产权管理和维权工作，培养他们在实际工作中的知识产权意识和技能。此外，高校还应当积极培养学生和教职员工在日常科研和学习中遵守知识产权规定的意识。这包括在科研项目中明确知识产权的归属和权益分配，以避免后期纠纷和争议。同时，师生应当学会如何引用和使用他人的知识产权作品，遵守知识产权的道德和法律规范。高校可以设立专门的知识产权管理部门或委员会，负责指导和监督师生在知识产权方面的行为，确保他们的创新活动合法合规。

知识产权教育与意识提升不仅仅是高校的一项任务，也是社会的需要。随着科技的不断发展和知识产权侵权行为的增加，我们迫切需要有更多受过良好教育的人来保护和促进知识产权。高校应当积极承担起培养知识产权专业人才的责任，为社会提供更多的法律专家、专业律师和知识产权管理人员。

知识产权教育与意识提升是高校不可或缺的使命之一。通过普及知识产权的重要性、教授法律知识和培养正确的意识，高校可以为师生的综合素质提升和社会的进步做出积极贡献。我们期待未来能看到更多高校积极投入到知识产权教育中，为知识产权的保护和发展贡献力量。知识产权的重要性不可忽视，只有通过全社会的共同努力，才能更好地保护和促进知识的创造和传播。

第三节　高校科研成果的权益分配

一、高校科研成果的分类与评价

高校科研成果的分类与评价是任何科研成果权益分配讨论的重要前提。在这个领域中，高校的科研成果可以分为多个不同的类别，每个类别都应有其独特的评价标准，以确保最终的权益分配是公平和合理的。

学术论文是高校科研工作的核心，通常被认为是最重要的科研成果之一。因此，评价学术论文的标准应该非常严格。评价学术论文的因素可以包括但不限于以下几点：论文的影响因子、被引用次数、发表在什么样的期刊或会议上、是否有国际合作等。这些因素可以帮助确定论文的贡献度和重要性，从而影响权益分配。

而专利的评价标准可能与学术论文有所不同。专利的评价可以考虑以下因素：专利的技术创新程度、是否有商业化潜力、是否已经被成功应用等。特别是在技术转移领域，专利的商业化潜力可能会成为一个关键因素，因为这可能直接影响到高校和研究人员的经济回报。

另一个需要考虑的方面是技术转移。高校的科研成果通常需要通过技术转移来实现商业化应用。因此，评价技术转移的标准应该包括科技成果的市场需求、商业化计划的可行性、合作伙伴关系的质量等因素。如果一个科技成果成功地被商业化并产生经济收益，那么相关的权益分配也应该考虑这一成功的程度。此外，软件开发也是高校科研成果的一个重要组成部分。在评价软件开发成果时，可以考虑软件的功能、用户数量、市场份额，以及是否有相关的知识产权保护等因素。软件开发可能具有长期的商业价值，因此在权益分配中也应该得到适当的考虑。[1]

高校科研成果的分类与评价是确保权益分配公平和合理的关键步骤。

---

[1] 张颖.依法治校背景下促进高校校园法治文化建设[J].魅力中国，2016（10）：9-9.

不同类型的成果应该根据其特点和贡献度来进行评估，评价标准需要充分考虑学术、商业和社会价值。只有在明确了这些标准之后，权益分配才能更加公平地反映高校科研人员的贡献和努力。同时，评价标准也应该根据不同领域的特点进行灵活调整，以适应科研成果的多样性和复杂性。这样，我们可以建立一个公平、合理且激励科研创新的权益分配体系，以推动高校科研的持续发展。这对于高校的科研生态系统和创新环境的健康发展至关重要，也有助于吸引更多的科研人员积极投入到科研工作中，从而推动科技进步和社会发展。

二、权益分配的原则与标准

权益分配一直是一个广受关注的话题，特别是在科研领域。在讨论权益分配的原则和标准时，我们需要明确一些基本原则，以确保分配过程公平、合理且能够激励创新。这些原则包括贡献度原则、市场价值原则和风险分担原则等。此外，还需要制定出一套科学合理的标准，考虑到不同类型科研成果的特性和价值。

第一，贡献度原则是权益分配的关键原则之一。按照这一原则，分配应该基于每个参与者对项目或研究工作的贡献程度来确定。这包括时间、资源、专业知识和创新等方面的贡献。贡献度原则强调了公平性，因为它确保了那些为项目或研究工作付出更多努力的人能够获得更多的回报。然而需要注意的是，贡献度原则可能会面临一些挑战，例如如何准确衡量贡献度以及如何处理集体工作中的个体贡献。

第二，市场价值原则也是一个重要的权益分配原则。根据这一原则，分配应该基于研究成果的市场价值来确定。这意味着如果某项研究成果具有高商业潜力或市场需求，那么参与者可以获得更多的回报。市场价值原则鼓励创新和市场导向的研究，因为它提供了潜在的高回报机会。然而，需要谨慎处理市场价值原则，以确保不牺牲基础研究和社会价值较高但市场潜力较低的研究领域。

第三，风险分担原则。根据这一原则，分配应该考虑到参与者在研究过程中承担的风险程度。这包括投入的资金、时间和努力，以及可能面临的失败风险。风险分担原则有助于激励参与高风险项目的研究者，并确保他们在取得成功时能够获得适当的回报。然而，需要注意的是，风险分担原则可能会导致参与者对于风险较高的项目感到望而却步，从而影响了创新。

除了上述原则，制定科学合理的权益分配标准也至关重要。这些标准应该考虑到不同类型科研成果的特性和价值。例如，基础研究通常具有较长的周期和不确定的市场价值，但可能对科学知识的发展和未来的应用产生深远影响。因此，基础研究的权益分配标准可能需要更多关注长期价值和科学贡献。与此相反，应用研究和技术开发可能具有更明确的市场潜力，因此市场价值原则可能更适用于这些领域。然而，也需要考虑到社会价值，以确保不会忽视了对社会和环境的积极影响。

此外，权益分配标准还应该考虑到知识产权和知识共享的问题。如何处理专利权、知识产权的归属及研究成果的开放获取等都是需要考虑的因素。在某些情况下，知识共享可以促进科学进步和社会发展，而在其他情况下，保护知识产权可能有助于激励投资和创新。而权益分配的透明度和公正性也是至关重要的。分配过程应该是透明的，参与者应该清楚地了解分配的依据和标准。此外，应该建立机制来处理分歧和争议，以确保分配的公正性和合理性。

权益分配的原则和标准在科研领域具有重要意义。贡献度原则、市场价值原则和风险分担原则等原则可以帮助确保分配过程的公平性和激励创新。同时，制定科学合理的分配标准需要考虑到不同类型科研成果的特性和价值，以及知识产权和知识共享的问题。透明度和公正性也是权益分配过程中不可或缺的因素。最终，权益分配应该旨在促进科学进步和社会福祉，同时激励研究者积极参与创新活动。

三、权益分配机制的构建

权益分配机制的构建在任何组织或合作关系中都是一个至关重要的议题。这一机制的设计需要综合考虑各方的贡献和权益，以确保公平和透明。接下来将探讨如何构建一个透明、公正的权益分配机制，该机制不仅要考虑到研究人员的劳动投入，还要考虑到项目的投资方、高校及相关合作机构的贡献。

权益分配机制的核心应该是公平。这意味着所有参与方应该在权益分配中有平等的机会和声音。为了实现这一目标，可以采取一种多元化的参与和决策模式。例如，可以设立一个权益分配委员会，由项目的各个参与方共同组成，包括研究人员、投资方、高校代表及相关合作机构。这个委员会可以定期审查和评估各方的贡献，然后根据贡献的大小分配相应的权益份额。

权益分配机制应该充分考虑到研究人员的劳动投入。研究人员是项目的关键推动力量，他们的工作对项目的成功至关重要。因此，他们应该获得合理的报酬和权益。这可以通过设立基本工资或薪酬水平来实现，以确保研究人员在项目中的努力得到公平的回报。此外，还可以考虑根据研究成果的质量和影响力来奖励研究人员，以激励他们更加努力和创新。

项目的投资方也应该在权益分配中得到合理的回报。投资方通常为项目提供资金支持，这对项目的顺利进行至关重要。因此，他们应该获得相应的权益份额。这可以通过按照投资金额来分配权益份额来实现，以确保他们的投资得到充分的回报。此外，还可以考虑将一部分权益保留作为潜在的未来回报，以鼓励长期投资和项目的可持续发展。

高校和相关合作机构也应该在权益分配中得到认可。他们可能为项目提供了研究设施、人才支持或其他资源，这对项目的成功也起到了关键作用。因此，他们应该在权益分配中获得一定的份额。这可以通过考虑他们的贡献规模和质量来实现，以确保他们的支持得到充分的回报。此外，权益分配机制还应该包括一定的透明度和监督机制。透明度是确保各方都了解权益分配过程和决策的关键因素之一。因此，应该建立一个透明的权益分配流程，其中包括贡献评估的标准和方法。监督机制可以通过设立独立的审计委员会或监督机构来实现，以确保权益分配的公正性和合法性。而权益分配机制应该根据项目的性质和发展阶段进行调整和优化。不同类型的项目可能需要不同的权益分配策略，而项目的发展阶段也会影响到各方的贡献和权益。因此，应该定期审查和调整权益分配机制，以适应项目的变化和发展。

构建一个透明、公正的权益分配机制是确保合作项目的长期成功和可持续发展的关键因素。这一机制应该平衡考虑研究人员、投资方、高校及相关合作机构的贡献，确保各方都能够获得合理的回报和认可。同时，透明度和监督机制也是不可或缺的，以确保权益分配的公平性和合法性。最终，这个权益分配机制应该灵活适应项目的需求和变化，以促进项目的成功和持续发展。

四、激励与约束并重

在设计权益分配机制时，需要平衡激励与约束，确保既能够充分激励科研人员的创新热情和积极性，又能够设定合理的约束机制，以防止不公平或不透明的现象发生。

激励机制的存在可以激发科研人员的创造力和积极性，使他们更加投入到科研工作中。为了实现这一目标，可以采取一系列措施。首先，应该设立合理的奖励制度，以鼓励科研人员在研究领域取得突出成就。这些奖励可以包括科研项目经费、学术荣誉、晋升机会等，从而为科研人员提供了明确的目标和动力。此外，还可以建立知识产权保护制度，确保科研人员能够充分享有他们的研究成果，并获得相应的经济回报。这不仅有助于保护知识产权，还可以激励科研人员积极参与知识创新。

然而，单纯的激励机制可能会导致一些问题，例如过度竞争、短期主义和不负责任的行为。为了防止这些问题的发生，必须设立一定的约束机制。首先，应该建立科研伦理和规范，明确科研人员的行为准则，以防止不正当竞争和学术不端行为。其次，需要建立严格的评估体系，对科研成果进行客观、公正的评价，以确保奖励分配的合理性。再次，还可以采取透明的决策过程，使科研人员能够了解权益分配的原则和程序，减少不公平现象的发生。最后，要建立有效的监督和惩罚机制，对违规行为进行惩罚，以维护制度的公平性和公正性。[1]

在权益分配机制中，激励和约束应该相互配合，形成一个有机的整体。激励机制可以激发科研人员的积极性，但约束机制也是必不可少的，以防止激励机制的滥用和不当行为的发生。只有在激励与约束并重的情况下，

---

[1] 贾辉.依法治校背景下高校学生管理法治化[J].思想理论教育（上半月综合版），2017（1）：108-111.

才能建立一个公平、公正、有效的权益分配体系，推动科研创新的持续发展。

设计权益分配机制时，需要在激励与约束之间找到平衡点。激励机制可以激发科研人员的积极性，但必须与约束机制相结合，以确保公平和公正。只有通过激励与约束并重的方式，才能有效地推动科研创新，促进科学领域的发展。因此，在设计权益分配机制时，应该认真考虑如何在这两个方面取得平衡，以实现最佳的结果。

五、法律法规与政策支持

法律法规与政策支持在高校科研成果的合理权益分配中具有至关重要的作用。国家和地区的法律法规是确保权益分配机制的合法性和公平性的基础。同时，政策支持也能够在高校科研领域推动合理权益分配的发展。在中国，有一系列法律法规明确规定了科研成果权益分配的原则和程序。例如，《中华人民共和国促进科学技术成果转化法》规定了科研成果的权益应当由科研团队、高校和科研机构共同分享，这一原则强调了合作与共享的重要性。此外，相关法律法规还明确了知识产权的保护和管理机制，为科研成果的合理权益分配提供了法律依据。这些法律法规的存在，为高校科研成果的权益分配提供了坚实的法律基础，确保了合法性和公平性。

政府部门可以通过出台政策来引导和促进高校科研成果的合理分配。例如，可以制定激励政策，奖励在科研成果中发挥重要作用的研究人员和团队，以鼓励他们积极参与科研工作。政府还可以提供经费支持，用于科研成果的开发和转化，以增加科研成果的商业化价值，从而为高校提供更多的收入来源。此外，政府还可以鼓励高校与企业合作，共同推动科研成果的转化和应用，从而实现共赢局面。这些政策措施可以有效地支持和促进高校科研成果的合理权益分配。

另外，高校自身也可以制定内部制度来推动科研成果的合理分配。一些高校已经建立了科研成果评价和分配的制度，以确保权益分配的公平性和透明性。这些制度通常包括评审委员会的设立，由专家评审科研成果的贡献和价值，然后进行分配。此外，一些高校还建立了知识产权管理部门，负责管理和保护科研成果的知识产权，以确保权益的合法性。这些内部政策和制度有助于高校更好地管理和分配科研成果的权益。

然而，尽管法律法规和政策支持在高校科研成果的合理权益分配中起着重要作用，仍然存在一些挑战和问题。首先，一些法律法规可能存在解释模糊或者执行难度大的情况，这可能导致权益分配的争议。因此，需要不断完善法律法规，以确保其能够切实保护科研成果的权益。其次，政策支持可能受到财政预算限制的影响，政府部门可能无法提供足够的资金支持高校的科研工作。在这种情况下，高校需要寻找其他资金来源，以支持科研成果的开发和转化。最后，内部政策和制度的建立和执行也需要高校付出一定的人力和物力资源，如果管理不善或者执行不到位，也可能导致分配不公平的问题。

法律法规与政策支持在高校科研成果的合理权益分配中起着重要作用。国家和地区的法律法规为分配提供了法律基础，政策支持可以促进合理分配的发展，而高校内部政策和制度可以确保分配的公平和透明。然而，仍然需要不断完善和改进这些机制，以应对可能出现的挑战和问题，以确保科研成果的权益得到有效保护和分配。只有在法律法规与政策支持的共同作用下，高校科研成果的合理权益分配才能得以实现，从而更好地推动科研工作的发展和创新。

第四节　知识产权侵权的处理机制

一、建立知识产权意识教育

在高校中，我们迫切需要建立知识产权意识教育的体系。这一教育体系的目标是让师生深刻理解知识产权保护的重要性，以及它如何影响我们的社会、经济和创新。我们可以采取多种方法来实现这一目标。

通过在不同学科的课程中引入知识产权保护的内容，可以让学生在学习的过程中逐渐了解知识产权的基本概念和原则。例如，在法律课程中可以介绍版权、专利和商标法律的基本知识，而在商学院的课程中可以讨论知识产权在市场竞争中的作用。这样，学生们可以从不同的角度来理解知识产权的重要性，并将其融入他们的学术和职业生涯中。

而研讨会和讨论小组是促进知识产权教育的另一种有效途径。通过组织专门的研讨会，学生和教师可以深入探讨知识产权保护的具体问题和挑战。这些研讨会可以邀请专业律师、知识产权专家和成功的创新者来分享他们的经验和见解。这样的交流不仅可以帮助学生更好地理解知识产权的实际应用，还可以激发他们的兴趣，鼓励他们积极参与知识产权保护的活动。此外，现代技术的发展为在线教育提供了巨大的机会。我们可以借助在线课程和教育平台，将知识产权教育带到更广泛的受众中。这些在线课程可以包括知识产权的基本原理、案例分析，以及如何申请专利或注册商标的详细步骤。通过在线教育，我们可以不受时间和地点的限制，让更多的人了解知识产权保护的重要性，并为他们提供学习的机会。

除了教育方式的多样性，知识产权教育还需要注重内容的深度和广度。我们不仅要教导学生知识产权的法律方面，还要强调其伦理和道德维度。学生应该明白，知识产权保护不仅是为了维护创作者的权益，也是为了鼓励创新和创意的发展。他们应该明白，侵犯知识产权不仅会触犯法律，还会损害创造力和创新的生态系统。另外，知识产权教育还应该关注国际视野。在全球化的今天，知识产权跨越国界，国际合作变得至关重要。高校应该鼓励学生参与国际知识产权组织和论坛，了解国际知识产权法律和协议。这将有助于培养学生的国际化视野，为他们未来在全球化社会中的职业生涯打下坚实的基础。

建立知识产权意识教育体系是至关重要的。通过课堂讲座、研讨会、在线课程以及深入的伦理和国际教育，我们可以培养出具备知识产权意识的学生，他们不仅了解知识产权的法律细节，还明白知识产权的价值和重要性。这将有助于推动创新和创意的发展，维护知识产权的合法权益，推动社会和经济的可持续发展。知识产权教育是培养未来领袖和创新者的关键一步，我们应该为此付诸行动。

二、制定明确的知识产权政策与规定

高校在现代社会中扮演着重要的角色，其作用不仅限于传授知识，还包括知识的创造与保护。在这个信息时代，知识产权政策与规定对高校的发展和社会的进步至关重要。在这一方面，高校需要制定明确的知识产权政策，以确保知识的创造、传播和保护都能够顺利进行。

首先，高校应明确规定知识产权的归属。教育机构是知识的温床，教师和学生在学术研究和教学过程中产生了大量的知识和作品。因此，高校应明确规定，教师和学生在校内产生的教材、研究成果及其他知识作品的知识产权归属问题。这样可以避免潜在的争议和纠纷，确保创作者的权益得到保护，同时也鼓励知识的创新和分享。其次，高校需要制定明确的使用许可政策。知识的传播是高校的核心使命之一，因此，高校应该鼓励知识的分享和使用。然而，在分享知识的同时，也需要保护知识产权。高校可以制定使用许可政策，明确规定谁可以使用教材、研究成果等知识产权作品，以及使用的条件和限制。这有助于确保知识的合理利用，同时保护知识产权的权利人。

在一些情况下，高校可能希望将某些知识产权作品转让给第三方，以获得经济回报或其他利益。这就需要制定明确的版权转让政策，规定转让的程序、条件和权利分配。同时，也需要确保转让过程的合法性和透明性，以避免潜在的纠纷和法律问题。此外，高校的知识产权政策应该涵盖多个方面，不仅仅局限于教材和研究成果。学生作品也是知识产权的一部分，因此高校应该明确规定学生作品的知识产权归属和使用许可。这有助于鼓励学生的创造力和创新，同时也保护他们的知识产权权益。

最重要的是，高校的知识产权政策必须易于理解，公开透明。知识产权政策通常涉及复杂的法律和合同条款，因此需要以简洁清晰的方式呈现给教职员工、学生和其他相关方。高校可以通过制定明确的政策文件、举办培训和提供咨询服务来确保政策易于理解。此外，政策应该在高校的官方网站上公开发布，以便所有人都可以查阅和了解。

高校制定明确的知识产权政策与规定对于知识的创造、传播和保护至关重要。这些政策应包括知识产权归属、使用许可、版权转让等方面的规定，同时覆盖教材、研究成果和学生作品等多个方面。政策必须易于理解，公开透明，以确保知识的合理利用和知识产权的合法保护。只有这样，高校才能够更好地履行其教育使命，为社会的进步和发展做出积极贡献。

三、构建知识产权侵权申诉与处理机制

构建知识产权侵权申诉与处理机制是维护知识产权体系健康发展的关键一环。在这个复杂而多元的领域，有效的申诉和处理机制对于保护知识产权、维护创新生态系统的平衡至关重要。

首先，我们需要建立明确的申诉渠道，以确保知识产权侵权事件能够迅速得到处理。这一渠道应该容易访问，适用于各类权利持有者，包括个人、企业和组织。同时，为了满足不同案例的需求，渠道应该支持多种申诉方式，包括书面申诉、在线申诉及口头申诉，以确保广泛的覆盖面。

其次，调查程序是确保申诉机制有效运作的核心。在接收到申诉后，需要建立一个迅速响应的程序，以便尽快启动调查。这个程序应该由独立的专业人员组成，他们具有足够的知识和经验来评估侵权事件的严重性和合法性。调查应该包括采集证据、听取各方陈述及进行必要的调查活动。此外，调查程序应该在合理的时间内完成，以避免不必要的拖延。

再次，在申诉机制的核心，公正的裁决流程至关重要。这个流程应该包括一个独立的裁决机构，由专业法律人员组成，他们具有知识产权领域的专业知识。这个机构应该能够根据调查结果做出公正的裁决，保护知识产权权利的合法持有者的权益，同时尊重涉事方的合法权益。裁决应该是终审的，不受进一步上诉的可能性，以确保迅速解决侵权争端，减少不必要的法律纠纷。

最后，透明度和公正性是整个申诉和处理机制的关键原则。所有相关的信息和文件应该对各方公开，以确保流程的透明。各方在申诉过程中应该有平等的机会陈述自己的观点和提供证据，以确保公正。同时，裁决机构的成员应该遵守严格的道德和职业行为准则，以保证公正性。而申诉和处理机制还应该具备足够的强制力。这意味着一旦裁决做出，应该有机制来执行裁决，确保侵权行为得到制止，侵权方承担相应的法律责任。这可以包括对侵权方的处罚、罚款或其他合适的惩罚措施。同时，裁决机构的裁决也应该受到法律的保护，以确保其有效执行。

构建知识产权侵权申诉与处理机制是维护知识产权体系稳健运行的关键要素。这一机制应该包括明确的申诉渠道、迅速响应的调查程序、独立

的裁决机构、透明度和公正性原则,以及足够的强制力。只有这样,我们才能有效地保护知识产权,促进创新,维护经济和社会的公平竞争环境。

四、加强知识产权的监控和审查

加强知识产权的监控和审查是保护知识创造者和知识产权持有者权益的重要措施。高校作为知识的创造和传播中心,有责任确保知识产权得到妥善保护。

一方面,高校应该实施有效的监控措施来预防知识产权侵权行为。这包括对内部教材和研究出版物的定期审查。教材是知识传授的重要工具,如果教材涉及侵犯他人知识产权的内容,将损害高校的声誉和合法性。因此,高校应该确保教材的内容不侵犯他人的知识产权,这可以通过审查和更新教材来实现。研究出版物是高校教师和研究人员的成果,也需要受到保护。高校应该审查研究出版物,确保它们符合相关的版权法规。这不仅可以保护知识产权,还可以促进学术诚信。如果高校发现教材或研究出版物存在侵权问题,应该及时采取措施予以纠正,以免引发法律纠纷。此外,利用技术工具也是加强知识产权监控和审查的有效途径。版权检测软件是一种有力的工具,可以帮助高校辅助识别潜在的侵权行为。通过将教材、论文和其他学术作品输入到这些软件中,高校可以快速比对已有的文献数据库,以查找是否存在相似度较高的内容。如果发现潜在的侵权行为,高校可以采取适当的措施,例如要求作者进行修改或撤回相关作品。[①]

另一方面,高校也应该加强对外部侵权行为的监控。这可以通过建立合作关系,与相关的知识产权保护组织或机构合作来实现。共同开展监控工作,包括定期监测互联网上的教育资源和学术作品,以防止它们被未经授权的使用或复制。高校还可以积极参与知识产权诉讼,维护自身的权益。这些合作和参与可以提高高校的知识产权保护能力,加强对外部侵权行为的打击力度。

加强知识产权的监控和审查对于高校来说至关重要。通过定期审查内

---

① 周旭清,王云兰.高校内部治理下的师生权利保护[M].南昌:江西高校出版社,2011.

部教材和研究出版物，以及借助技术工具来识别潜在的侵权行为，高校可以保护自身的知识产权，维护学术诚信，确保教育资源得以合法合规地传播和使用。同时，与外部组织合作，积极参与知识产权保护工作，也是维护高校知识产权的重要途径。只有通过综合的监控和审查措施，高校才能更好地履行知识产权保护的责任，促进学术研究和教育事业的可持续发展。知识产权的保护不仅有助于高校的长期发展，也有利于社会的知识创新和进步。因此，高校应该高度重视知识产权保护工作，将其纳入学校管理的重要议程之中。

第六章
高校教育质量与法治保障

在现代社会，高等教育的质量直接影响着一个国家的创新能力和竞争力。随着教育领域的不断发展和变革，如何通过法律手段来确保和提升高校教育的质量，成了一个重要议题。

在本章，我们首先探讨教育质量评估的法律框架，这是确保教育质量的基础。法律框架不仅为教育评估提供了规范和指导，也确保了评估过程的公正性和有效性。其次，本章将探究高校在提供教育服务过程中的责任与法律义务。这不仅关系到高校的运行和管理，也是保障学生接受优质教育的关键。再次，本章还将分析学生权益与教育质量的关联。学生作为教育的直接受益者，他们的权益与教育质量紧密相连。探讨这一关联有助于更好地理解和改进教育质量，确保学生能够在一个公正和有利于学习的环境中接受教育。最后，本章将聚焦于高校教育质量监控的法治实践。在这一部分中，我们将探讨如何通过法律手段有效监控和管理高校的教育质量，从而提供一个更加全面和深入的视角来看待高等教育的质量保障。

通过一系列的分析和讨论，本章旨在提供一个全面而深刻的视角，来理解和实践如何通过法治手段保障和提升高校教育的质量。在数字化和全球化的大背景下，这一议题显得尤为重要，它不仅关乎教育本身的发展，也关系到社会整体的进步和繁荣。

第一节　教育质量评估的法律框架

一、法律基础与规范要求

国家教育法律对教育质量的基本定义和指导原则具有决定性的作用。这些法律明确规定了教育质量的核心要素，包括教学内容的科学性、教育资源的充足性、教育过程的有效性和教育成果的评估。教育法律的存在为教育质量评估提供了明确的目标和参照标准，使教育机构能够更好地理解他们需要达到的标准。

教育法律还强调了教育公平的重要性。在教育质量评估中，不仅要追求教育的普及，还要确保每个学生都有平等的机会接受高质量的教育。法律要求教育机构采取积极措施，消除可能导致教育不平等的各种障碍，无论是来自社会经济背景、性别、种族、残疾或其他方面的差异。此外，国家教育法律还规定了教育成果的评估和监测。教育机构需要定期评估学生的学术成绩和综合素质，以确保他们的教育目标得以实现。这些评估不仅帮助学校识别和解决教育质量方面的问题，还为政府和社会提供了关于教育体系绩效的重要信息。

在实际操作中，教育法律的应用和解释至关重要。教育机构需要确保其教育质量评估程序符合法律规定，并保持透明度和公正性。这包括确保评估工具的科学性和客观性，以及评估过程的公平性。教育法律还规定了在评估中发现问题时需要采取的纠正措施，以改善教育质量和教育公平。

然而，教育法律也可能面临一些限制和挑战。首先，法律的不断变化和修订可能导致教育机构需要频繁地调整其教育质量评估程序和实践，这可能对教育体系的稳定性和连续性产生影响。其次，教育法律的执行和监督需要确保教育机构遵守法律规定，这需要有效的监管和制度，以防止滥用或疏忽。

国家教育法律、政策和标准对教育质量评估具有至关重要的作用。它们提供了教育质量评估的法律基础和指导原则，为教育体系的改进和优化

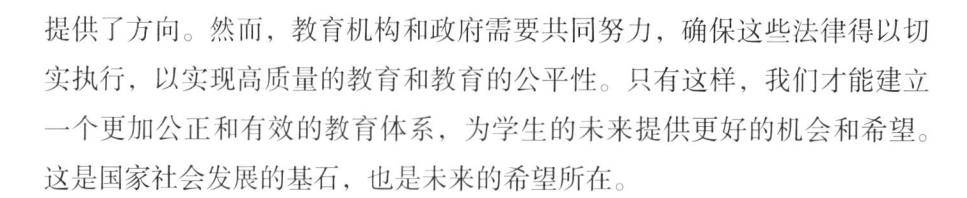

提供了方向。然而，教育机构和政府需要共同努力，确保这些法律得以切实执行，以实现高质量的教育和教育的公平性。只有这样，我们才能建立一个更加公正和有效的教育体系，为学生的未来提供更好的机会和希望。这是国家社会发展的基石，也是未来的希望所在。

二、评估体系的法律保障与合规性

在建立教育质量评估体系时，我们必须始终牢记法律保障与合规性的重要性。这一方面确保评估过程的合法性和公正性，另一方面也维护评估结果的有效性和可靠性。本文将探讨建立教育质量评估体系所需遵守的法律规定和伦理准则，以及如何通过法律手段来保障和处理法律框架内的争议和挑战。

首先，教育质量评估体系的建立必须遵守国家和地区的法律法规。不同国家可能有不同的教育法律和政策，因此在建立评估体系之前，必须仔细研究并遵守这些法规。这包括评估的法律依据、评估数据的合法获取和使用、评估过程中的隐私保护等方面。违反法律规定可能会导致评估结果无效，甚至引发法律诉讼，因此法律合规性是至关重要的。

其次，评估体系的建立也需要考虑伦理准则。伦理准则涉及评估过程中的道德原则和行为规范。评估者必须遵循诚实、公正、透明、保密等原则，确保评估过程不受任何不当影响。例如，评估者不应受到贿赂或其他不道德行为的诱导，评估过程应该公开透明，允许被评估的机构和个体提出合理的质疑和申诉。这些伦理准则有助于建立一个公正的评估环境，确保评估结果的真实性和客观性。

再次，法律保障也需要考虑评估结果的有效性和可靠性。评估体系必须采取科学方法和标准化的评估工具，以确保评估结果具有可比性和可信度。评估过程中的数据采集和分析必须符合统计学原则，以避免误导性或不准确的结果。此外，评估结果必须能够为决策者提供有用的信息，以改进教育质量。因此，评估体系的建立需要在方法学和技术层面确保结果的有效性和可靠性。

从次，即使在遵守法律和伦理准则的前提下，教育质量评估体系仍可能面临法律框架内的争议和挑战。这些争议可能涉及评估方法的选择、数据的解释、评估结果的使用等方面。为处理这些争议，评估体系需要建立适当的争议解决机制。这可以包括建立独立的评估委员会或专家组，以审查争议并提出建议。此外，透明度也是解决争议的关键，评估过程和结果应该对公众开放，允许各方监督和参与。

最后在建立教育质量评估体系时，还需要考虑多元化和包容性。评估体系应该考虑到不同学校、不同教育水平、不同学生群体的特点，以确保评估的公平性。特别是在涉及资源有限的情况下，评估应该避免不公平的偏见和歧视，确保每个学校和学生都有平等的机会接受评估和改进。

建立教育质量评估体系是一个复杂而重要的任务，需要遵守法律规定和伦理准则，确保评估的合法性、公正性、有效性和可靠性。同时，需要建立争议解决机制和保持透明度，以处理法律框架内的争议和挑战。最后，评估体系应该以多元化和包容性的原则为基础，确保每个学校和学生都能受益于教育质量的改进。这样，我们才能更好地满足教育的使命，培养出更有竞争力的人才和更富有社会责任感的公民。

三、政策驱动与法律更新

教育质量评估体系的发展受到政策驱动和法律更新的深刻影响。在本部分，我们将分析当前的教育政策如何推动教育质量评估体系的发展，以及政策变化如何影响评估体系。当前教育政策在很大程度上推动着教育质量评估体系的发展。政府和教育部门通常会制定一系列政策，以促进教育的改善和提高学生的学术成绩。这些政策通常要求学校和教育机构定期进行教育质量评估，以确保教学质量的提高。政府的资金分配也可能与学校的教育质量评估结果相关联，这进一步激励学校积极参与评估过程。[1]

教育政策的一个关键方面是学术标准的制定和实施。政府和教育机构通常会明确规定学生应该达到的学术标准，这些标准成为评估的基础。政策可能要求学校和教育机构使用特定的评估工具和方法来衡量学生的表现。例如，一些政策可能要求学校进行标准化测试，以评估学生的数学和语言

---

[1] 万华.师生权益保护热点问题的法律透视[M].广州：暨南大学出版社，2009.

能力。这些政策推动了评估工具和方法的不断发展和改进，以确保它们能够准确反映学生的学术水平。此外，政府可能要求学校和教育机构报告有关教育质量评估的数据和结果。这种透明度要求可以帮助家长、教育决策者和社会大众更好地了解学校的绩效，并监督教育质量的改进。政策还可以鼓励学校参与外部评估，以确保评估过程的客观性和独立性。

然而，教育政策的变化也可能对评估体系产生重大影响。政府和立法机构可能会不断修改教育政策，以适应社会和经济的变化。这种变化可能导致教育质量评估的重点发生变化，可能会引入新的评估标准和方法。例如，在面对技术革命和全球化挑战的背景下，政府可能会要求评估体系更加关注STEM（科学、技术、工程和数学）领域的学术成就。此外，政策的变化还可能影响教育质量评估的目标。政府和教育机构可能会调整他们的教育政策，以更好地满足不同群体学生的需求，包括残疾学生、英语学习者和低收入家庭学生。这可能需要评估体系更加关注包容性教育和多元文化教育的原则，以确保所有学生都有平等的机会获得高质量的教育。

随着技术的进步和职业需求的变化，人们需要不断更新和提升他们的技能。政府可能会制定政策，要求教育机构不仅评估学生的学术成就，还要评估他们的职业技能和就业前景。这可能导致评估体系更加注重职业培训和实际应用能力的测量。而未来的政策更新可能会更加强调全面发展。传统的教育质量评估通常侧重于学术成绩，但未来的政策可能要求评估体系更全面地考虑学生的社会情感发展、创造性思维和领导能力。这意味着评估工具和方法可能需要更多元化，以涵盖这些方面的评估。

此外，未来的政策更新可能会加强数据隐私和安全方面的考虑。随着教育领域越来越依赖于数字技术和在线学习，政府可能会制定法律和政策来保护学生的个人数据，并确保数据不被滥用或泄露。而且未来的政策更新可能会强调教育的可持续性和平等。政府可能会采取措施确保教育资源的公平分配，以及所有学生都有平等的机会获得高质量的教育。这可能导致评估体系更加关注教育不平等和社会公平的问题，以便及时采取纠正措施。

政策驱动和法律更新在塑造教育质量评估体系方向和方法方面发挥着关键作用。当前的政策强调学术标准和透明度，但未来可能会看到更多关注终身学习、全面发展、数据隐私和教育公平的政策更新。这些变化将不仅影响评估工具和方法，还将推动教育体系更好地满足社会和经济的需求。教育质量评估将继续在政策和法律的引导下不断发展，以促进教育的进步和提高学生的学术成就。

第二节　高校教育责任与法律义务

一、法律框架下的高校责任

在构建教育质量评估体系时，跨学科视角的整合是至关重要的。这一综合性的方法强调了法律、教育、管理等多学科知识在评估体系中的重要性，并旨在创造一个更加全面和有效的评估框架。本文将讨论如何整合不同领域的视角和方法，以及法律专家、教育学者和政策制定者如何协作，共同推动教育质量评估体系的发展和完善。

教育质量评估不仅仅是一种教育学问题，它也涉及法律方面的问题。法律专家在评估体系的构建中发挥着至关重要的作用。他们可以帮助确保评估体系的合法性和透明性。他们可以分析并建议适当的法律框架，以确保评估过程的公正性和合规性。此外，法律专家还可以协助制定评估结果的法律依据，以便在需要时进行法律诉讼或监督。因此，法律专家应与教育学者和政策制定者密切合作，共同确保评估体系的法律基础健全。

与此同时，教育学者的知识和专长也是不可或缺的。他们可以提供关于教育质量的专业见解，包括如何定义和测量教育质量，以及如何有效地评估学生的学术表现和教育成果。教育学者还可以研究和提出不同评估方法的优缺点，以及如何在评估中考虑到多样性和公平性。他们的研究和实践经验可以为评估体系的设计和实施提供宝贵的指导。此外，管理领域的知识也对教育质量评估体系的成功发展至关重要。管理专家可以提供有关资源分配、项目管理和数据分析的专业建议。他们可以帮助确保评估过程的高效性和可持续性，以及评估结果的有效利用。管理专家还可以协助制定评估体系的运行流程和管理机制，以确保评估工作能够顺利进行。

在整合这些不同领域的视角和方法时,跨学科团队的合作至关重要。法律专家、教育学者和管理专家应该共同制定评估体系的目标和原则,并确保各自领域的专业知识得到充分考虑。这可以通过定期的跨学科会议、工作坊和合作项目来实现。团队成员应该建立有效的沟通和协作机制,以便及时解决问题并做出决策。此外,政策制定者的参与也是至关重要的。他们可以促进法律框架的制定和修改,以适应不断变化的教育环境。政策制定者还可以提供政策方向和资源支持,以确保评估体系的实施和改进。他们应该与跨学科团队密切协作,了解评估体系的需求和挑战,并根据政策目标提供指导和支持。

跨学科视角的整合对于构建全面和有效的教育质量评估体系至关重要。法律专家、教育学者、管理专家和政策制定者应该共同努力,充分发挥各自的专业知识和经验,以确保评估体系的合法性、有效性和可持续性。他们的合作将有助于提高教育质量,促进学生的成功和社会的发展。

二、道德和伦理上的高校责任

在现行法律框架下,高等教育机构承担着重要的法律义务和责任,这些责任涵盖了多个方面,旨在确保教育质量的保障、学生权益的保护,以及高校的透明度和问责制得以维护。首先,高等教育机构的首要责任之一是遵守教育法规。这意味着高校必须确保其教育质量符合国家和地区的法律规定。这包括拥有合格的教育师资,提供高水平的教育课程,以及确保学生毕业后获得合法的学位。高校还必须遵循课程设置、教学内容和评估标准等方面的相关法规。违反这些法规可能会导致高校面临法律责任和制裁。其次,高等教育机构有责任保护学生的权益。这包括但不限于学生隐私保护。高校必须严格遵守学生隐私法规,确保学生的个人信息得到妥善保护。这意味着高校不能随意收集、使用或分享学生的个人信息,除非在法律允许的情况下或经过学生明确的同意。此外,高校还必须采取措施来防止学生信息的泄露和滥用,以保护学生免受身份盗窃和其他潜在的风险。[①]

---

① 徐勇.高校教师与大学生权益保护[J].浙江师范大学学报(社会科学版),2005,30(3):106-109.

高校还有责任制定和执行非歧视政策。根据法律，高校不能基于种族、性别、宗教、性取向、残疾等因素对学生进行歧视。他们必须提供平等的机会和对待，确保每个学生都有平等的权利参与教育活动和获得教育资源。高校应该建立投诉机制，以便学生可以报告和投诉任何形式的歧视行为，同时采取适当的措施来解决这些问题。此外，高等教育机构也必须提供安全的学习环境。这意味着他们需要采取措施来预防校园内的暴力、骚扰和其他安全问题。高校应该建立安全政策和程序，以应对潜在的风险，保护学生和教职员工的安全。如果发生安全事件，高校还需要采取适当的措施来应对并确保受害者得到支持和保护。

高等教育机构在法律框架下必须维护透明度和问责制。这包括公开披露学费、入学要求、课程信息和学校政策等重要信息，以便学生和家长能够做出明智的决策。高校还应建立有效的投诉和申诉机制，以确保学生和其他相关方可以提出问题和投诉，并获得适当的回应。透明度和问责制有助于确保高校遵守法规，并提供一个公平和公正的教育环境。

高等教育机构在现行法律框架下承担着多方面的责任，包括教育质量的保障、学生权益的保护、非歧视政策的执行及安全学习环境的提供。这些责任是确保高等教育体系正常运行和学生受到妥善保护的关键因素。高校必须积极遵守法规，采取措施来满足这些法律要求，以确保学生能够安全、平等地接受高质量的教育。同时，透明度和问责制也是不可或缺的，以确保高校的运作能够受到监督和评估，从而不断提高教育质量和学生体验。这些法律框架下的责任不仅对高校自身的发展至关重要，也对社会的整体进步和公平性产生积极影响。

三、社会责任与高校的角色

通过教育，高校培养出了大批科学家、工程师和技术专家，他们在不同领域的研究中不断探索新的知识和技术，推动了科学和技术的进步。高校也是创新的温床，许多重要的科研项目和发明都源于高校的研究实验室。举例来说，计算机科学领域的突破性发展往往来自高校的研究团队，他们开发出了新的算法和技术，推动了信息技术的飞速发展。因此，高校不仅仅是知识的传承者，更是科技创新的重要推动者。此外，高校也在促进社会正义方面发挥了关键作用。教育是社会正义的关键因素之一，高校为学生提供平等的教育机会，不论其背景如何，都有机会接受高质量的教育。高校也是知识的传播者，他们通过教育培养出了社会各个领域的领袖和决策者，这些人在推动社会变革和改善社会不公正方面发挥着积极的作用。举例来说，社会科学研究在高校中得到了广泛开展，这些研究有助于深入了解社会问题的根本原因，并提供了解决方案。高校还鼓励学生参与社会服务和志愿工作，培养他们的社会责任感，促进社会的公平和正义。

高校的社区参与也是社会责任的一部分。许多高校位于城市或乡村社区，它们与当地社区有着紧密的联系。高校不仅仅是知识的象牙塔，他们也是社区的一部分，承担着服务社区的责任。高校通过开展各种社区项目，如义工活动、社会服务和文化交流，与社区建立了紧密的联系，促进了社区的发展和进步。高校还可以为社区提供专业知识和资源支持，解决社会问题，改善居民的生活质量。因此，高校在社区参与方面起到了桥梁和推动者的作用，有助于建立更加和谐的社会关系。

在全球化背景下，高校承担着培养未来领导者和解决全球性问题的责任。全球化使世界变得更加紧密相连，各国面临着共同的挑战，如气候变化、贫困、疾病传播等。高校作为国际化的机构，有责任培养具备跨文化沟通和解决全球问题能力的学生。高校应该鼓励学生参与国际交流和合作项目，培养他们的全球视野和国际意识。通过国际合作研究项目，高校也可以共同解决全球性问题，为世界的可持续发展做出贡献。例如，联合国可持续发展目标是全球性的议程，高校可以通过研究和创新来支持这些目标的实现，推动全球社会的可持续进步。

高校在社会责任方面扮演着重要的角色。他们通过推动科技创新、促进社会正义和加强社区参与，为社会的发展和进步做出了重要的贡献。高校也肩负着培养未来领导者和解决全球性问题的责任，在全球化背景下发挥着关键作用。高校不仅仅是教育机构，更是社会的推动者和变革者，他们的使命是塑造更加繁荣、公正和可持续的未来社会。因此，高校的社会责任是不可忽视的，需要得到持续的关注和支持，以确保其能够履行其重要的使命。

四、高校对学生发展的责任

高校对学生发展的责任是一个广泛而复杂的议题，涉及学术、职业、心理和个人层面的支持。首先，高校的首要责任之一是提供高质量的教育，支持学生在学术方面取得成功。高校应该建立一流的教育体系，包括优秀的教师、课程和教育资源，以确保学生获得充分的知识和技能。高校还应该鼓励学生积极参与学术研究和创新活动，提供机会让他们在学术领域获得更多经验和实践机会。此外，高校还应该设立学术辅导中心，为学生提供学习支持和指导，确保他们能够充分发挥自己的潜力。其次，高校也有责任在职业规划方面为学生提供支持。在现代社会中，职业发展至关重要，高校应该为学生提供职业咨询和指导，帮助他们了解不同领域的职业选择，以及如何规划自己的职业道路。高校可以与行业合作，提供实习和工作机会，使学生能够在实际工作环境中积累经验。此外，高校还可以举办职业展览和招聘活动，帮助学生建立职业网络，并与潜在雇主建立联系。

除了学术和职业支持，高校还有责任关注学生的心理健康。大学生活充满了挑战和压力，学生可能会面临各种心理健康问题。因此，高校应该提供心理健康服务，包括心理医生和咨询师，以帮助学生处理情感和心理问题。学校还可以开展心理健康教育活动，提高学生的心理健康意识，教授他们应对压力和焦虑的方法。这有助于创造一个支持学生心理健康的校园环境，使他们能够更好地应对生活中的挑战。此外，高校还应该提供学习辅导，帮助学生提高学习技能和解决学术问题。学习辅导可以包括个别辅导、学习小组和学术资源中心，这些都可以帮助学生更好地理解课程内容，提高他们的学术表现。高校还可以为学生提供写作中心和数学辅导，以支持他们在学术写作和定量分析方面的能力。

而高校对学生的个人发展也承担着重要的责任。大学时光是一个学生成长和探索自我的时期，高校应该提供机会让学生参与各种活动，发展他们的兴趣和技能。这可以包括文化活动、体育赛事、社团组织和志愿者服务等各种机会，让学生能够丰富自己的生活经历，培养领导力和团队合作能力。高校还可以鼓励学生参与国际交流和跨文化体验，拓宽他们的视野，培养全球意识。

高校对学生发展的责任是多方面的，涵盖了学术、职业、心理和个人层面的支持。高校应该努力提供必要的资源和支持，以帮助学生实现其全面发展，使他们在学术和生活中都能够取得成功。通过关注学生的学术成就、职业规划、心理健康和个人发展，高校可以为学生的未来奠定坚实的基础，帮助他们成为有价值的社会成员和积极的个体。

第三节 学生权益与教育质量的关联

一、学生参与度与教育质量的提升

在现代教育中，包容性决策制定已经成为一项重要的趋势。这意味着学生不仅仅是教育的接受者，还应该是教育政策和规划的参与者。学生的声音和意见应该被视为宝贵的资源，用以指导教育改革的方向。学生的参与度直接关系到教育政策的制定和实施过程中的包容性。通过参与教育政策的制定，学生可以直接影响到教育体系的方向和目标。他们能够提出关于课程设置、学科选择和教育资源分配等方面的建议，这些建议能够更好地满足学生的需求和期望。此外，学生的参与还可以影响到课程设计、教学方法和评估标准的制定。教育者应该积极倾听学生的反馈和建议，以便根据学生的需求进行调整。例如，学生可以提供关于课程内容的反馈，指出哪些方面需要更深入的探讨，哪些方面需要更多的实际应用。这种反馈有助于教育者更好地满足学生的学习需求，提高教育的质量。

一个关键的方面是学生反馈机制的建立和重要性。学生反馈机制不仅仅是一个表面上的形式，它应该是一个可持续的过程。学生应该感到被鼓励和有动力分享他们的看法和经验。这不仅有助于及时识别教育问题，还可以促进教育的不断改进。学生反馈应该被视为一个反馈回路，通过不断的交流和协作，教育者可以更好地理解学生的需求，制定更加符合实际情况的教育计划。此外，学生的主动参与还可以激发他们的学习兴趣和动力。当学生感到他们的意见和参与是受到重视的，他们更有可能积极投入到学习中。这种积极的学习态度可以显著提高他们的学术表现和教育质量。教育者可以通过引导学生参与课堂讨论、提问和合作项目等方式来增强学生的参与感。另一个重要的方面是学生的个性和需求的多样性。不同学生可能有不同的学习风格、兴趣和需求。通过鼓励学生参与教育决策，可以更好地满足这种多样性。教育制度应该灵活适应学生的需求，为他们提供个性化的学习机会。这可以通过调整课程内容、提供不同的学习途径和资源来实现，从而提高教育的质量。

在教育质量的提升过程中，学生的参与度是一个不可或缺的因素。学生不仅仅是教育的受众，他们应该是教育过程中的积极参与者。他们的声音和反馈不仅可以指导教育政策的制定，还可以影响到课程设计和教学方法的改进。学生反馈机制的建立也是至关重要的，它可以确保教育质量的持续提高，从而为学生提供更加优质的教育体验。

学生的参与度对于教育质量的提升具有重要的作用。教育体系应该努力创造一个鼓励学生参与的环境，同时积极倾听他们的声音和反馈。通过学生的参与，教育可以更好地适应多样化的需求，提高教育的质量，为学生提供更加丰富和有意义的学习经验。因此，学生的参与度不仅仅是一种教育原则，更是实现卓越教育的关键要素。

二、学生权益保护与学习环境的优化

学生权益保护与学习环境的优化是任何教育体系中至关重要的一环。教育不仅仅是知识的传授，更是一个塑造未来领袖和公民的过程。在这个过程中，学生的权益保护不仅关系到他们个人的发展，还关系到整个社会的未来。

首先，维护学生的心理健康至关重要。学习是一项复杂而具有挑战性的任务，学生可能会面临来自学业、社交和家庭等各个方面的压力。因此，学校应该提供心理健康支持和咨询服务，以帮助学生应对压力和情感问题。这不仅有助于学生更好地集中精力学习，还有助于预防心理健康问题的发展，从而提高学生的整体幸福感和学术成就。

其次，保障学习资源的公平获取是学生权益保护的重要方面。每个学生都应该有平等的机会获取教育资源，不论他们的背景如何。这意味着学校需要采取措施，确保教材、课程和学习工具对所有学生都是可及的。这可能包括提供补助金、奖学金和教材租赁服务，以减轻经济负担较重的学生的压力。同时，学校还应该致力于减少数字鸿沟，确保所有学生都能够利用技术来获取教育资源。此外，教育过程中的平等和尊重也是学生权益保护的核心。每个学生都应该受到平等和公平的对待，不论他们的种族、性别、宗教、性取向或其他特征如何。学校应该制定反歧视政策，并积极促进多元文化和包容性教育。教师和学校工作人员应该接受多元化和反歧视培训，以确保他们能够创造一个尊重多样性的教室环境。此外，学校还应该提供机会，鼓励学生参与平等和多元化的活动，以促进理解和友谊的建立。

在处理学生申诉和反馈方面，学校需要确保公正性和透明度。学生应该有机会提出投诉或提供反馈，而这些投诉和反馈应该得到公正和迅速的处理。学校应该建立明确的申诉程序，并确保学生的隐私得到保护。此外，学校还应该主动寻求学生的反馈，以不断改进教育质量和学习环境。透明的沟通和反馈机制可以增强学生对教育体系的信任和满意度，使他们感到自己的声音被听到和重视。

学生权益保护与学习环境的优化是教育体系中不可或缺的一部分。通过维护学生的心理健康、保障学习资源的公平获取，以及确保教育过程中的平等和尊重，我们可以提升教育质量，培养更加全面和有社会责任感的公民。此外，处理学生申诉和反馈时的公正和透明度也是建立信任和满意度的关键因素。教育机构和政策制定者应该不断努力，确保学生在教育中的权益得到充分的保护和尊重，以促进社会的进步和繁荣。

三、学生权益与个性化教育路径

在现代社会中，教育被视为塑造未来领导者和创新者的重要工具。然而，传统的"一刀切"教育方法已经不再适用于每个学生。个性化教育路径的兴起已经使教育界重新审视了如何满足不同学生的需求。接下来将探讨如何通过尊重和维护学生的个人权益来支持个性化教育路径的发展，包括分析学生选择课程、参与课外活动以及规划未来职业道路时的自主权，以及教育机构如何在尊重学生选择的同时，提供必要的指导和支持。

传统教育模式通常规定了学生必须学习的课程，而忽视了他们的兴趣和潜能。个性化教育路径强调了学生的差异性，因此应该允许学生根据自己的兴趣和目标来选择课程。这不仅有助于激发学生的学习热情，还有助于他们更好地理解所学内容的实际应用。学生的自主权应该得到尊重，教育机构应该提供足够的选修课程和支持，以确保每个学生都能追求自己独特的教育路径。此外，学生在参与课外活动方面也应该享有自主权。课外活动不仅是学习的延伸，还是培养社交技能和兴趣爱好的重要途径。因此，学生应该能够自由选择他们感兴趣的课外活动，而不受限于传统的规定。学校应该提供多样化的课外活动选择，以满足不同学生的需求。这样，学生可以在兴趣领域深入探索，培养领导能力，并与志同道合的同学建立联系。

而在规划未来职业道路时，学生也应该拥有自主权。每个学生都有自己独特的职业梦想和目标，因此应该被鼓励追求他们认为最合适的职业道路。教育机构应该提供职业咨询和指导，以帮助学生了解不同职业领域的机会和要求，但不应该将学生局限在传统的职业选择中。学生应该能够自主选择他们的职业道路，并积极追求实现自己的梦想。

然而，要支持个性化教育路径，教育机构也需要提供必要的指导和支持。虽然学生的自主权至关重要，但他们可能需要教育专家的帮助来制定合理的教育计划和职业规划。教育机构应该设立专门的咨询服务，为学生提供个性化的建议和指导，以确保他们的教育路径是有针对性和可行的。这可以包括帮助学生制定学习计划，了解课程要求，以及提供职业规划建议。此外，教育机构还应该关注学生的社会和情感需求。个性化教育路径可能会导致学生面临不同的挑战和压力，因此学校应该提供心理健康支持和社会支持，以确保学生在教育过程中得到充分的支持和关爱。这可以通过提供心理辅导服务、建立支持团队和鼓励同学之间的互助来实现。

支持个性化教育路径需要尊重和维护学生的个人权益。学生应该拥有选择课程、参与课外活动及规划未来职业道路的自主权，同时教育机构也需要提供必要的指导和支持。这样，每个学生都能够追求自己的教育梦想，并发掘自己的潜力，最终为社会的发展和进步做出贡献。个性化教育路径不仅有助于学生的个人成长，还有助于建立更加多元和包容的教育体系，从而推动社会的发展和进步。

四、教育公平性与学生权益的平衡

教育公平性与学生权益的平衡是教育领域中一项至关重要的任务。在不断追求教育质量的同时，我们必须始终关注如何确保每个学生都能平等获得教育机会，不论他们的背景和能力如何。这一任务需要深入研究各个方面，包括经济援助、特殊教育需求支持及文化多样性尊重等。

首先，教育成本一直是一个制约学生接受高质量教育的重要因素。在追求教育公平的道路上，政府和教育机构应该积极提供经济援助，确保经济困难的学生也能享受到优质的教育资源。这可以通过奖学金、助学金、低息贷款等方式来实现。同时，经济援助不仅有助于提高学生的入学率，还能减轻他们和家庭的财务压力，降低因为贫困而导致的辍学率。这种平等的机会确保了教育不再是富人的特权，而是每个人都能够追求的梦想。其次，特殊教育需求支持也是实现教育公平性的一部分。每个学生都是独特的，他们可能有不同的学习障碍或特殊需求。在追求教育公平的过程中，我们必须确保这些学生也能够获得适合他们需求的教育。这可能涉及提供个性化的学习计划、特殊教育教师的支持、辅助技术设备的提供等等。特殊教育需求支持的关键在于不让任何一个学生因为他们的特殊需求而被边缘化或忽视。这样的支持不仅有助于学生实现他们的潜力，还有助于提高整体的教育质量，因为每个学生的成功都会丰富教育环境。

现代社会充满了来自不同文化背景的学生，他们可能拥有不同的语言、宗教、传统和价值观。在追求教育公平的过程中，我们必须尊重和包容这种多样性，确保每个学生都能够在他们的文化和身份得到认可和尊重的环境中学习。这可以通过提供多元文化的教育内容、培训教育工作者以更好地理解和尊重不同文化的方式来实现。文化多样性的尊重不仅是道义上的责任，也是为了创造一个更加包容和和谐的社会的必要步骤。最重要的是，这些措施不仅有助于维护教育公平性，还有助于提高整体的教育质量和学生满意度。当每个学生都有平等的机会接受教育，并且得到了适当的支持和尊重时，他们更有可能取得成功，学习更多，对教育更加满意。这不仅有助于个体学生的成长，还有助于整个教育系统的改进。学生的多样性和需求的多样性可以激发教育的创新，促进教育质量的提升。

第六章 高校教育质量与法治保障

教育公平性与学生权益的平衡是教育领域的一项重要任务。通过经济援助、特殊教育需求支持和文化多样性尊重等措施，我们可以确保每个学生都有平等的机会获得高质量的教育，不论他们的背景和能力如何。这些措施不仅有助于实现公平，还有助于提高整体的教育质量和学生满意度，为建设更加平等和包容的社会打下坚实的基础。因此，我们应该坚定不移地追求这一目标，确保每个学生都能够实现他们的潜力，为社会的进步和繁荣做出贡献。

第四节 高校教育质量监控的法治实践

一、法律法规的制定与实施

法律法规的制定与实施在高校教育质量监控方面发挥着至关重要的作用。教育是国家发展的基石，高等教育在培养人才、推动科技创新和社会进步方面扮演着关键角色。因此，制定和实施有效的法律法规是确保高校教育质量的关键因素之一。

现行教育法律法规在高校教育质量监控方面的作用是确保教育机构提供高质量的教育。这些法规规定了高校的管理和运营方式，包括招生、课程设置、师资队伍建设等各个方面。通过法律法规，政府可以对高校进行评估和监督，确保它们符合一定的教育标准和质量要求。这种监控有助于防止低质量的教育机构存在，提高整个高校教育体系的质量水平。然而，尽管现行法规在高校教育监控方面发挥了一定作用，但仍然存在一些问题。一些高校可能存在违规行为，但难以被发现或制止。此外，法规可能滞后于教育领域的快速发展，需要不断更新和完善。因此，有必要探讨如何通过完善法律法规来进一步强化高校教育质量的监控。

为了强化高校教育质量的监控，首先，应该加强法规的制定和修订过程。政府部门应积极与教育界、行业专家和社会各界合作，制定更加符合时代发展需求的法规。法规的制定应充分考虑国际教育质量标准和经验，以确保我国高校在全球范围内具有竞争力。其次，需要建立更加严格和有效的教育监管机构。这些机构应该具备专业的评估团队，能够对高校的教育质量进行全面的评估和监控。同时，监管机构应该加强对高校的日常管理和运营的监督，确保各项法规得到切实执行。对于存在严重违规行为的高校，应采取严厉的惩罚措施，以示警示。最后，建立有效的信息公开和舆论监督机制也是强化高校教育质量监控的重要手段。高校的教育质量数据应该向社会公开，供学生、家长和社会监督。同时，鼓励媒体和社会组织对高校的教育质量进行跟踪报道，推动高校透明度和问责制的建立。[①]

法律法规的制定与实施在强化高校教育质量监控方面具有重要作用。通过完善法律法规，加强监管机构建设，推动信息公开和舆论监督，中国可以提高高校教育的质量水平，使其更好地为国家的发展和社会的进步做出贡献。同时，学习其他国家的成功经验也可以为中国高等教育的改革提供有益的启示。

二、教育质量监控的法治机制构建

教育质量监控的法治机制构建在高等教育体系中具有至关重要的作用。接下来将探讨如何建立和完善高校教育质量监控的法治机制，包括监管机构的设立、职能定位以及操作程序。同时，我们还将分析法治机制如何与教育行政管理相结合，以提升监控的实效性。这一议题的核心在于如何通过法治手段确保监控机制的公正性、透明性和有效性，从而提高高等教育质量并促进教育公平。

首先，监管机构的设立至关重要。监管机构应该是独立于高校和政府的第三方机构，其成员应具备相关专业背景和经验。这样的独立性和专业性可以确保监控机制的客观性和公正性。监管机构的设立需要经过法定程序，以确保其合法性和合规性。这包括法律法规的制定和审议，以及相关政府部门的批准。只有在法律框架下成立的监管机构才能够有效地履行其职责，确保高校教育质量的提升。

其次，监管机构的职能定位也至关重要。这些机构应该负责制定教育质量标准和评估方法，以确保高校的教育质量能够被客观评估。他们应该

---

① 岳伟.高校法治观教育研究[D].山东：中国海洋大学，2013.

与高校建立合作关系，收集和分析教育数据，以更好地了解高校的教育质量情况。监管机构还应该负责对高校进行定期的评估和审查，以确保高校遵守相关法律法规和教育质量标准。此外，监管机构应该处理来自师生和社会的投诉，确保每一位教育工作者和学生的权益都得到保护。监管机构的职能定位应该清晰明确，使其能够有效地履行监控教育质量的责任。

为了确保监控机制的公正性、透明性和有效性，法治手段是必不可少的。首先，监管机构应该建立公开透明的工作机制，将教育质量数据和评估结果公开，让社会公众能够了解高校的教育质量情况。这种透明性可以促进高校的自我改进和社会监督，确保高校教育质量不被掩盖或篡改。其次，监管机构还应该建立有效的举报渠道，鼓励师生和社会各界提供关于高校教育质量问题的举报信息。这将有助于发现和解决教育质量问题，确保监控机制的有效性。

另外，法治机制还应该与教育行政管理相结合，以提升监控的实效性。监管机构和教育行政部门应该建立紧密的合作关系，共同制定政策和规范，以确保教育质量监控的一致性和协调性。监管机构应该定期向教育行政部门报告其工作情况，以便能够及时解决教育质量问题。此外，监管机构还应该与高校建立密切联系，共同探讨教育质量提升的措施和方法。这种协作将有助于实现监控机制的实效性，确保高等教育的质量和公平性。

教育质量监控的法治机制构建是确保高等教育质量和教育公平的关键环节。监管机构的设立、职能定位和操作程序都需要经过法定程序，以确保其合法性和合规性。法治手段包括公开透明的工作机制和举报渠道的建立，可以确保监控机制的公正性、透明性和有效性。与教育行政管理的合作将有助于提升监控的实效性，确保高等教育的质量和公平性。通过这些措施，我们将能够建立一个更加健康和可持续的高等教育体系，为社会培养更多有才华和创新精神的人才。这一法治机制的建立将为高等教育的发展和提高质量提供坚实的法律保障。

三、与国际标准的对接

国际高等教育质量保障的法治实践是一个备受关注的话题，它不仅涉及高等教育的质量提升，还关系到国际间的教育合作和交流。国际高等教育领域存在一系列被广泛认可的标准和做法，这些标准和做法为各国高等教育机构提供了参考和指导。例如，教育质量评估机构通常依据国际通行的标准来评估学校的教育质量。这些标准包括教学质量、研究水平、师资力量、学术资源等多个方面。此外，国际间还存在一些组织和协会，如国际大学协会（IAU）、欧洲大学协会（EUA）等，它们致力于推动国际高等教育的质量保障和合作，为各国提供了一个交流平台。

在借鉴国际经验方面，我国可以学习其他国家在高等教育领域的成功实践。例如，一些国家建立了独立的教育质量保障机构，负责对高校的质量进行评估和监控。这些机构通常由政府或学术界共同管理，确保了独立性和专业性。此外，一些国家还鼓励高校与国际知名大学开展合作项目，引进国际先进的教育理念和教育资源，提升教育质量。我国可以考虑借鉴这些经验，建立更加科学和有效的高校教育质量监控体系。

结合我国的法治环境，提升高校教育质量监控的国际化水平也是一项重要任务。我国已经出台了一系列法律法规，规范了高等教育的管理和质量保障。在此基础上，可以进一步完善高校教育质量监控的法律框架，确保其符合国际标准和规范。此外，应该建立国际化的评估和监控机制，引入国际专家和外部评估机构，提高评估的客观性和公正性。同时，高校也应该积极参与国际间的教育合作，提高教师和学生的国际化水平，培养具有国际竞争力的人才。

国际合作在提升高校教育质量监控法治实践中具有重要的作用和意义。首先，国际合作可以帮助高校引进国际先进的教育资源和经验，提升教育质量。通过与国际知名大学建立合作关系，高校可以吸引优秀的教师和学生，推动教育水平的提高。其次，国际合作还可以促进跨国研究项目的开展，推动科研水平的提升，增强高校的国际影响力。再次，国际合作还可以促进不同国家之间的教育交流和理念共享。通过与其他国家的高校开展合作，可以促进文化的交流与理解，培养具有国际视野的人才。这对于培养具有全球竞争力的人才非常重要。最后，国际间的合作还可以促进教育领域的国际化，推动全球教育的发展。

国际高等教育质量保障的法治实践是一个复杂而重要的议题。通过深入分析国际认可的标准和做法，借鉴国际经验，结合我国的法治环境，提升高校教育质量监控的国际化水平,以及积极参与国际合作,可以有效提升我国高等教育的质量,推动教育事业的发展。这对于培养具有国际竞争力的人才,提升国际影响力,促进文化交流与理解都具有积极的意义。因此,应该高度重视国际高等教育质量保障的法治实践,为我国高等教育的发展注入新的活力。

第七章
校园性别平等与法律保护

在现代社会中，性别平等和法律保护是高等教育机构内部管理和文化建设的重要组成部分。

本章旨在深入探讨校园性别平等与法律保护的关键议题，强调法律原则在促进和保障高校性别平等中的核心作用。本章通过对性别平等的法律原则及其在高校环境中应用的细致剖析，揭示了法律框架如何成为推动性别平等的重要工具，并展示了法律对于塑造健康、包容的校园文化的影响力。本章进一步深入探讨了高校中性骚扰预防与处理机制的建立和完善。在高等教育机构中，性骚扰不仅损害个人尊严和学术自由，也破坏了学习和工作环境。因此，建立有效的预防和处理机制对于保障学生和教职员工的权益至关重要。通过分析现行机制的效果及其潜在的改进空间，本章提供了对策和建议，旨在帮助高校构建更加安全和尊重的学习环境。本章还着重讨论了促进校园性别平等的法律举措。这些举措不仅涉及制度建设和政策指导，还包括教育和培训等方面，旨在通过全面的方法和策略，推动校园内的性别平等。这些法律举措的实施，将有助于构建一个更加公正、平等的学术环境，使所有学生和教职员工都能在无歧视的环境中学习和工作。

总体而言，本章对高校在性别平等和法律保护方面的挑战与机遇提供了深刻的洞察，为促进校园内的性别平等和法律保护提供了理论和实践上的指导。

第七章　校园性别平等与法律保护

第一节　性别平等的法律原则及其在高校的应用

一、法律原则的阐释

法律原则的阐释在国际法律框架中具有重要意义。其中，由联合国大会通过的《消除对妇女一切形式歧视公约》(The Convention on the Elimination of All Forms of Discrimination against Women，CEDAW)作为性别平等原则的重要国际协议，对各国的国家法律产生了深远的影响。这一协议旨在消除对妇女的一切形式歧视，并确保她们能够享有与男性平等的权利和机会。

首先，《消除对妇女一切形式歧视公约》强调了性别平等的基本原则。该公约明确规定，一切对妇女的歧视都是不合法的，无论是在公共领域还是私人领域。这意味着国家法律不得容忍对妇女的任何形式的歧视，无论是在就业、教育、健康护理还是其他领域。其次，该公约要求各缔约国采取措施来消除对妇女的歧视。这包括制定和执行法律，确保女性在社会、政治和经济生活中能够平等参与。国家法律必须建立机制，以保护妇女免受暴力和虐待，同时也要确保她们有权访问医疗保健和教育等基本服务。最后，《消除对妇女一切形式歧视公约》还提出了特殊的保护措施。这些措施旨在解决妇女面临的特殊问题，如家庭暴力、性别刻板印象和妇女在冲突和战争中的地位。国家法律必须积极采取措施，以保护和支持受到这些问题影响的妇女。

性别平等原则还要求国家法律考虑到妇女的权益和需求。这意味着政府必须采取措施来推动妇女的经济独立、政治参与和社会发展。国家法律必须确保妇女有平等的就业机会，获得公平的工资，以及平等的政治代表权。另一个重要的国际法律框架是联合国《儿童权利公约》。尽管这个公约的主要焦点是儿童的权利，但它也强调了性别平等原则，特别是对女童的权利。该公约要求各国采取一切必要措施来保护女童免受歧视和虐待，确保她们能够享有与男童平等的权利。

这些国际协议对国家法律产生了深刻的影响。各国必须修改其国内法律，以确保其与这些协议一致。这意味着国家法律必须禁止一切形式的性别歧视，并采取措施来保护和促进妇女和女童的权利。国家法律还必须建立机制，以监督这些法律的执行，并确保妇女和女童能够获得救济。

国际协议要求各国报告其在性别平等领域的进展情况。这意味着各国必须定期向联合国提交报告，说明他们在实施这些协议方面所采取的措施和取得的进展。这种透明度和问责制有助于确保各国履行其国际义务。此外，国际协议还鼓励各国开展性别平等教育和宣传活动。这有助于提高公众对性别平等问题的认识，并促使社会对妇女和女童的权利给予更多关注。国家法律必须支持这些教育和宣传活动的开展。

国际法律框架中的性别平等原则对国家法律产生了深远的影响。这些原则要求各国采取措施来消除对妇女和女童的歧视，并确保她们能够享有与男性平等的权利和机会。国家法律必须与国际协议一致，并采取措施来保护和促进性别平等。这不仅是国际义务，也是对社会的责任，以建立更加公平和包容的世界。性别平等原则不仅仅是法律要求，更是一种价值观，应在全球范围内得到普遍尊重和实施。

二、国家层面的法律原则

在国家层面，我国的法律体系中包含了一系列与性别平等相关的法律原则，这些原则旨在确保男女在各个领域都能享有平等权利和机会。其中，《中华人民共和国宪法》（以下简称《宪法》）和《中华人民共和国妇女权益保障法》（以下简称《妇女权益保障法》）是两项具有重要意义的法律文件，它们为性别平等提供了法律保障和指导。

首先，我国《宪法》是国家层面最高法律文件，明确规定了平等权利的原则。根据《宪法》第四十八条，宪法确立了男女平等的基本原则，它强调："中华人民共和国妇女在政治的、经济的、文化的、社会的和家庭的生活等各个方面享有同男子平等的权利。"这一宪法条款承认了男女平等的基本权利，不仅在法律上确立了性别平等的原则，也为后续法律的制定和实施奠定了基础。其次，值得关注的是我国《妇女权益保障法》，该法律于1992年颁布，是我国在性别平等领域的重要法规之一。该法律的核心目标

第七章　校园性别平等与法律保护

是保护和促进妇女的权益，以确保她们在各个领域都能享有平等的机会和待遇。妇女权益保障法通过多种方式实现了性别平等，其中包括但不限于以下几个方面：

该法律规定了性别歧视的禁止原则。根据《妇女权益保障法》规定，任何形式的性别歧视都是禁止的，无论是在就业、教育、医疗保健还是其他社会领域，这一原则确保了妇女不会因为性别而受到不平等对待；社会应当积极开展关于性别平等的宣传教育，以提高社会对性别平等的认识和理解。这有助于打破刻板印象和性别偏见，促进社会的性别平等意识。此外，《妇女权益保障法》还规定了在就业领域的性别平等原则，雇主不得因为妇女的性别而歧视其就业机会和待遇。这意味着女性在就业方面应当享有与男性相同的权利，包括薪酬、晋升和职业发展机会。

《妇女权益保障法》还涵盖了性别平等在婚姻和家庭领域的原则，夫妻双方应当平等地承担家庭责任，共同管理家庭事务。这一原则旨在减轻妇女在家庭中的不平等负担，鼓励家庭成员共同分担家务和育儿责任。《妇女权益保障法》还包括了对妇女在教育、医疗保健和社会保障等领域的平等权利的规定。它要求社会提供平等的教育机会，确保妇女能够获得高质量的医疗保健服务，并享有社会保障福利。

《妇女权益保障法》的实施也得到了相关部门和机构的支持。我国成立了全国妇联，作为国家妇女权益保障的主要机构，全国妇联积极参与推动性别平等政策的制定和实施，以及促进妇女在社会各个领域的参与和发展。此外，地方政府也在各自的管辖区域内采取了一系列措施，以确保妇女的平等权益得到保障和实施。

尽管我国在法律层面取得了一些积极的进展，但性别平等问题仍然存在一些挑战。

首先，性别歧视仍然存在于某些社会领域和文化观念中。虽然法律禁止性别歧视，但实际上，某些雇主、教育机构和社会习惯仍然存在对女性的不平等对待。

其次，妇女在职场晋升和领导地位方面仍然面临挑战。尽管法律明文规定了平等就业原则，但女性在高级职位和领导地位方面的比例相对较低，这反映出性别不平等在职业生涯中的持续存在。

最后，家庭和职业平衡问题也是一个重要的挑战。妇女通常需要兼顾家庭和职业，这可能导致她们在职场上的机会受到限制。尽管法律规定夫妻双方应当平等地承担家庭责任，但在实际生活中，家庭中的不平等责任分配仍然普遍存在。

我国在国家层面已经采取了一系列法律原则和措施来促进性别平等。《宪法》和《妇女权益保障法》等法律文件为性别平等提供了坚实的法律基础，同时我国也参与了国际性别平等协定。然而，性别平等仍然面临一些挑战，包括社会观念的改变、职业平等和家庭责任平衡等问题。政府和社会各界仍需要继续努力，以确保性别平等的原则得到更全面和有效的实施，从而为所有公民创造一个平等和公正的社会环境。

三、高校中的性别平等现状

高校中的性别平等现状一直备受关注，因为性别平等被认为是一个基本的人权原则。尽管在不同国家和地区，性别平等的程度和情况各不相同，但我们仍然可以观察到一些普遍存在的趋势和问题。

首先，多年来，女性在高校入学率上取得了显著的进展，甚至在某些学科领域中，女性的入学率超过了男性。然而，在某些领域，尤其是STEM（科学、技术、工程和数学）领域，性别不平等仍然显著存在。STEM领域一直被认为是男性主导的领域，女性在这些领域的比例相对较低。这反映出性别刻板印象和职业性别划分的依然存在，限制了女性在科学和技术方面的发展机会。为了解决这一问题，高校需要采取积极的措施，鼓励更多的女性投身到STEM领域，消除性别差距，推动性别平等的实现。

其次，性别平等问题还表现在高校的领导层和教职员工中。尽管女性在高校的学生比例逐渐增加，但在高层管理和教职员工中，男性仍然占据主导地位。这种性别不平等在一定程度上反映了传统性别角色和职业性别划分的延续。女性在领导层的代表性不足，这不仅限制了她们的职业发展，也影响了高校内性别平等的实现。为了实现真正的性别平等，高校需要采取措施，提高女性在领导层和教职员工中的代表性，确保性别平等在高校管理中得到体现。

再次，性别平等问题还涉及高校内的性别歧视和性别暴力。许多女性学生在校园内经历过性骚扰或性别歧视，这对她们的学术和心理健康造成了严重影响。高校需要采取更加积极的措施来预防和打击性别暴力和骚扰，为受害者提供支持和保护，以确保校园是一个安全和平等的环境。教育机构应该制定严格的规章制度，提供培训，加强监督，以防止性别歧视和暴力事件的发生。另外，高校中的课程和教材也需要更加关注性别平等的问题。一些课程可能存在性别刻板印象或性别歧视的内容，这会影响学生的思维方式和价值观。高校应该审查课程内容，确保它们反映了性别平等的原则，并提供多样性别角色的视角，以促进学生的性别教育和意识。教育不仅是知识传递，还应该是性别平等观念的传播和树立。

最后，性别平等问题也涉及学生的社会活动和性别角色的认知。在校园中，有时会存在对于性别角色的刻板印象和偏见，这会限制学生的自由发展和选择。高校应该鼓励学生参与各种社会活动，包括体育、艺术和领导岗位，无论他们的性别如何，都应该得到平等的机会和支持。同时，高校可以举办性别平等意识活动，教育学生性别平等的重要性，并鼓励他们反思性别角色和刻板印象。

高校中的性别平等现状是一个复杂的问题，涉及教育、文化和社会方面的多个层面。要实现性别平等，需要采取综合性的措施，包括改革课程、提高女性在领导层和教职员工中的代表性、预防性别暴力和骚扰，以及打破性别刻板印象和偏见。只有在全社会的共同努力下，我们才能真正实现性别平等，创造一个更加公正和包容的高等教育环境。性别平等不仅是一项基本的人权原则，也是社会进步和发展的关键因素。

四、法律原则在高校的应用

性别平等在社会中一直是一个重要的话题，尤其在高等教育领域，它的应用至关重要。性别平等的法律原则旨在消除性别歧视，确保男女在法律上和社会上拥有平等的权利和机会。在高校，性别平等的法律原则的应用涵盖了各个方面，包括招生、教育、就业、体育等多个领域。

第一，招生领域是性别平等法律原则的一个重要应用领域。高校在招生过程中必须确保不因性别差异而对申请人进行歧视。这意味着招生政策和标准必须是性别中立的，不应对男女申请者设置不同的要求。高校还应积极采取措施来吸引更多女性申请者进入科学、技术、工程和数学STEM领域，以弥补性别不平等在这些领域中的存在。

第二，性别平等法律原则在教育领域的应用也是至关重要的。高校必须确保在教育过程中不存在性别歧视，包括在课堂上、教材选择上和教育资源分配上。教师和教职员工必须接受性别平等培训，以提高他们对性别问题的敏感度，并确保平等对待所有学生。此外，高校应该鼓励女性学生参与领导和决策角色，以促进性别平等的实现。

第三，性别平等法律原则在高校的就业领域也具有重要意义。高校必须确保招聘、晋升和薪资设置是公平的，不受性别影响。性别歧视在学术界和管理领域都存在，因此高校必须采取积极措施来打破性别壁垒，确保男女员工都有平等的机会和待遇。此外，高校还应该提供支持措施，帮助员工在职业生涯中实现工作与生活的平衡，特别是对于那些有家庭责任的员工。

第四，性别平等法律原则在高校体育领域也具有重要影响。高校必须确保男女学生在体育方面有平等的机会和资源。这包括提供相同水平的运动设施、教练和奖学金。性别歧视在体育领域尤为突出，高校必须积极采取措施来促进性别平等，确保男女学生都有机会参与各种体育项目，并发展他们的体育潜力。此外，高校还应该积极参与性别平等的教育和宣传活动。通过教育和宣传，高校可以提高师生和员工对性别平等问题的认识，推动社会对性别平等的认知和态度发生积极变化。这也有助于创造一个包容和平等的校园文化，使每个人都感到受到尊重和平等对待。

性别平等的法律原则在高校的应用是非常重要的，它涵盖了招生、教育、就业和体育等多个领域。高校必须积极采取措施来消除性别歧视，确保男女在校园中拥有平等的权利和机会。只有通过全面的性别平等政策和实践，高校才能成为一个真正包容和平等的学术和社会环境。性别平等不仅是一项法律义务，更是一种社会责任，需要全社会的共同努力来实现。

第二节 高校性骚扰预防与处理机制

一、制定全面的预防政策与程序

高校在建立一个安全、尊重和包容的校园环境方面扮演着至关重要的角色。为了实现这一目标，高校需要采取一系列措施，其中之一是制定全面的性骚扰预防政策与程序。

高校应该制定明确、全面的性骚扰预防政策。这些政策应该明确定义性骚扰，包括言语、行为和非言语形式的骚扰，以及对受害者的影响。这种明确定义可以帮助师生更好地理解什么构成性骚扰，从而减少误解和争议。此外，这些政策还应包含具体的例子，以帮助人们更好地理解何为不当行为。例如，政策可以列举一些常见的性骚扰行为，如不受欢迎的性评论、性暗示、侵犯个人空间等。这些例子有助于明确何为不可接受的行为，从而加强了政策的有效性。

除了明确定义和具体例子，性骚扰预防政策还应包含明确的禁止条款。这些条款应该明确规定任何形式的性骚扰行为都是严重违反校规的，将受到严厉的纪律处分。这种明确的禁止条款向师生传达了高校对性骚扰的零容忍，同时也为受害者提供了强有力的支持。另外，为了有效地预防性骚扰，高校应该实施定期的培训和教育项目。这些培训和教育项目的目标是提高师生对性骚扰行为的认识，强化他们的预防意识。培训可以包括性骚扰的定义、影响、预防方法和如何举报性骚扰的程序。通过这些培训，师生可以更好地了解性骚扰的危害，学会如何预防和应对这种行为。

而且高校还可以通过教育项目来促进性别平等和尊重。这些教育项目可以涵盖性别平等的重要性，以及如何建立一种尊重差异的文化。通过教育，高校可以培养出更加尊重和理解他人的师生，从而减少性骚扰事件的发生。

总之，制定全面的性骚扰预防政策与程序是高校维护校园安全和尊重的关键步骤。这些政策和程序应该明确定义性骚扰，包含具体例子、明确禁止条款，同时实施定期培训和教育项目，以提高师生的意识和预防性骚扰行为的发生。通过这些措施，高校可以创造一个安全、尊重和包容的校园环境，使每位师生都能够充分发展并感到受到保护。

二、建立有效的报告和响应机制

在当今社会，性骚扰问题已经成为一个严重的社会问题，不仅令受害者感到无助和痛苦，还对整个社会和组织造成了负面影响。为了应对这一问题，建立有效的报告和响应机制至关重要。为了让受害者感到安全和受到尊重，我们必须设立易于访问的报告渠道。这意味着组织必须提供多种途径，使受害者可以选择他们感到最安全的方式来报告性骚扰。这些渠道可以包括面对面投诉、电话热线、电子邮件、匿名举报平台等。每个渠道都应该受到保护，以确保受害者的信息不会被泄露或滥用。此外，这些渠道应该全天候开放，以便受害者可以随时提出投诉，而不必担心时间限制。

建立快速响应团队至关重要。这个团队应该由专业人员组成，他们具有处理性骚扰案件的专业知识和经验。这些专业人员应该接受培训，以了解如何处理不同类型的性骚扰案件，如言语性骚扰、身体性骚扰、网络性骚扰等。此外，他们还应该了解相关法律和政策，以确保在处理案件时遵循适用的法规。

快速响应团队的任务不仅仅是接收投诉，还包括调查和处理性骚扰案件。在接收投诉后，团队应该立即采取行动，与受害者联系，收集相关信息，并展开调查。调查过程应该是公正、中立和透明的，以确保受害者和被控方都受到公平的对待。团队应该收集证据，听取各方的陈述，以便做出正确的决定。

一旦调查完成，快速响应团队应该采取适当的措施来处理性骚扰案件。这可能包括采取纪律行动，如停职、解雇或其他适当的处罚，以制止被控方的不当行为。同时，受害者应该得到支持，包括心理健康支持和法律援助，以帮助他们应对性骚扰造成的创伤和后果。此外，快速响应团队还应该监督和评估性骚扰案件的处理过程，以确保程序的公正性和透明性。他们应该与各级管理层合作，确保案件得到妥善处理，并在必要时采取纠正措施，以防止类似事件再次发生。

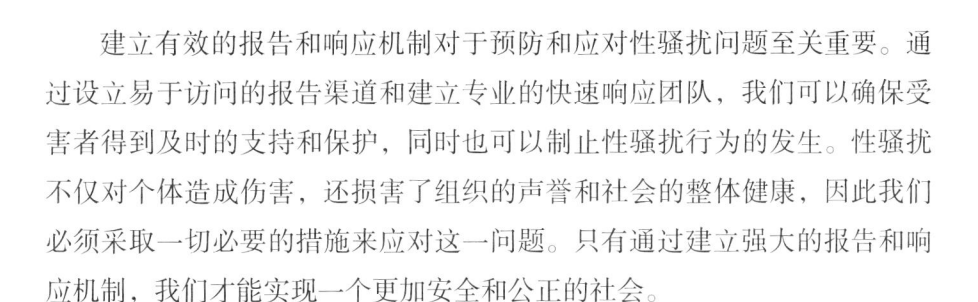

建立有效的报告和响应机制对于预防和应对性骚扰问题至关重要。通过设立易于访问的报告渠道和建立专业的快速响应团队，我们可以确保受害者得到及时的支持和保护，同时也可以制止性骚扰行为的发生。性骚扰不仅对个体造成伤害，还损害了组织的声誉和社会的整体健康，因此我们必须采取一切必要的措施来应对这一问题。只有通过建立强大的报告和响应机制，我们才能实现一个更加安全和公正的社会。

三、加强案件调查与处理的公正性和透明度

加强案件调查与处理的公正性和透明度是确保校园安全和社区和谐至关重要的一环。在这个方面，我们需要确保调查过程的每一个环节都能够经得起严格的审查，以确保公正性得到充分体现，并且提供给受害者和被告同等的权利，包括合理的申诉程序和听证机会。

首先，为了确保调查的公正性，我们需要建立一个完全独立的调查机构。这个机构不应受到学校或其他权力机构的控制或影响，以确保调查不受干扰。该机构的工作人员应该接受专业培训，以确保他们能够进行客观、公正的调查。这包括了解调查技巧、听证程序和法律法规。此外，调查机构应该有权要求学校和其他相关方提供必要的文件和信息，以便进行全面的调查。这确保了调查不会受到信息的局限或掩盖。

其次，受害者和被告都应该享有平等的权利。这意味着受害者应该有权提供证据、提出申诉，并参与听证会。被告也应该有权辩护，并提供他们的证据。这种平等的权利确保了调查的公正性，同时也保护了被告的权益。在听证会上，应该有合格的中立人员来主持，确保公正和平等的待遇。

再次，调查结果和处罚措施应该在适当的情况下透明公开。这并不意味着一切都要公之于众，因为保护个人隐私也很重要。但是，在保护个人隐私的前提下，公开一些关键信息是必要的，以增强校园社区对处理机制的信任。这可以通过发布调查报告的摘要或关键结果来实现。此外，如果有人不满意调查结果，应该有一个适当的申诉程序，以便他们可以要求重新审查或提出上诉。

最后，为了确保调查的公正性和透明度，我们还需要建立一个监督机构或委员会，负责监督调查过程。这个监督机构应该由独立的成员组成，

他们不应该有与学校或被调查案件相关的利益冲突。他们的职责包括审查调查文件、听取申诉、监督听证会的进行，以及确保调查结果和处罚措施的公正性。这个监督机构的存在可以增加整个调查过程的透明度，确保没有不当干预或偏见。[①]

加强案件调查与处理的公正性和透明度是确保校园社区的安全和公平的关键一步。只有当我们确保调查过程不受干扰，受害者和被告都受到平等对待，并且调查结果和处罚措施在适当情况下公开时，我们才能建立起一个更加安全和公正的校园环境。这不仅有助于保护个人权益，还有助于加强整个社区对处理机制的信任和支持。通过这些措施，我们可以确保校园社区的和谐与安全得到更好地维护。

四、提供综合支持服务

提供综合支持服务是确保性骚扰受害者得到必要帮助和支持的重要一环。这一支持服务不仅包括心理咨询、法律咨询和医疗援助，还涵盖了建立校内外的合作机制，以确保受害者得到全方位的支持。当受害者遭受性骚扰时，他们可能会经历情感上的剧烈波动，如焦虑、抑郁、愤怒和羞耻等。这些情感会对他们的生活质量和学业产生负面影响。因此，提供心理咨询服务对于帮助受害者克服这些情感困扰至关重要。心理咨询师可以与受害者建立信任，提供情感支持，并帮助他们处理心理创伤。这有助于受害者逐渐恢复自信，重建自尊。

性骚扰是一种违法行为，违反了受害者的权利和尊严。因此，受害者需要了解自己的法律权益及可以采取的法律行动。法律咨询可以帮助受害者了解性骚扰的法律定义、收集证据、起诉加害者，并维护自己的合法权益。提供法律咨询服务有助于受害者感到被社会正义保护，增加他们寻求法律救济的信心。另外，医疗援助也是综合支持服务的一部分。性骚扰可能导致身体上的创伤，例如性病传播或其他健康问题。受害者可能需要接受医学检查和治疗。提供医疗援助可以确保受害者得到及时的医疗照顾，

[①] 孟莉.谈高校依法治校工作中存在的主要问题及对策[J].教育与职业，2007（35）：66-67.

防止进一步的健康问题。此外，医疗专业人员还可以为受害者提供心理上的支持，帮助他们应对与性骚扰相关的身体和情感问题。

除了这些个体支持服务之外，建立校内外的合作机制也是至关重要的。校内外的合作机制可以确保受害者获得全方位的支持，并加强对性骚扰的防治工作。

在校内建立合作机制意味着学校和大学需要与相关部门密切合作，包括校内警察、校医院和心理支持中心。学校应该设立专门的举报机构，以便受害者能够匿名或非匿名地报告性骚扰事件。这些机构可以协调提供心理咨询、法律咨询和医疗援助的服务，确保受害者得到全面的关怀。此外，学校还应该提供培训，以提高师生员工对性骚扰问题的认识，以及如何支持受害者；而在校外建立合作机制是与当地警方、医疗机构和心理支持组织合作，以确保受害者得到及时支持的关键。当性骚扰事件发生时，受害者可以选择报警，因此，与警方的合作至关重要。学校和当地警方可以共享信息，协助进行调查，并确保受害者的安全。与医疗机构的合作可以确保受害者获得必要的医疗援助，而与心理支持组织的合作则可以提供专业的心理治疗。

提供综合支持服务对性骚扰受害者来说至关重要。心理咨询、法律咨询和医疗援助是帮助受害者克服心理和身体创伤的重要组成部分。此外，建立校内外的合作机制可以确保受害者得到全方位的支持和关怀，从而帮助他们走出性骚扰的阴影，重建自己的生活。性骚扰问题需要社会各界的共同努力，以创造一个安全、尊重和平等的环境。

五、强化校园文化建设和教育

强化校园文化建设和教育是一项至关重要的任务，它不仅关系到学校内部的和谐发展，更关系到社会的进步和文明。在当今社会，尊重和平等是我们所应该坚决捍卫和倡导的价值观。因此，通过课程、研讨会和宣传活动，我们有责任为学生们传递这一信息，建立起一个充满爱与尊重的校园文化。

首先，课程在教育体系中占有举足轻重的地位。我们可以通过课程的设置来强调互相尊重和平等的重要性。不仅仅是在伦理道德课程中，还应该在各个学科中融入这一理念。例如，在历史课上，我们可以讨论性别平等的历史进程,强调女性在社会发展中的贡献。在科学课上,我们可以引入性别平等的科研成果,激发学生对科学领域的兴趣。这样,学生们将从小就接触到尊重和平等的概念,培养他们的价值观。

其次,研讨会和讲座也是强化校园文化建设和教育的重要手段。通过邀请专家学者来校园进行讲座,探讨性别平等、反性骚扰等话题,能够拓宽学生的视野,提高他们对这些问题的认识。这些研讨会还可以提供一个开放的平台,让学生们可以自由表达他们的观点和疑虑。同时,学校还可以组织学生参与各种讨论小组,让他们深入思考性别平等和尊重的问题,从而培养批判性思维和自主性思考的能力。另外,宣传活动也是不可或缺的一部分。通过举办各种主题活动,如性别平等周、反性骚扰运动等,学校可以引起广泛的关注,推动这些议题走进每个学生的生活。这些活动可以包括电影放映、艺术展览、座谈会等多种形式,以吸引不同的学生参与。同时,学校可以邀请社会知名人士来校园演讲,分享他们的经验和观点,激发学生的相关思考和行动。

最后,除了教育活动,还需要鼓励开展性别平等和反性骚扰的教育活动。这些活动可以包括针对教师和工作人员的培训,以提高他们对性别问题的敏感度和认识。教师在课堂上的言行举止对学生的影响巨大,因此他们需要具备一定的性别平等教育素养,以确保课堂上的尊重和平等。此外,学校还可以设立专门的咨询机构,为受到性骚扰或性别歧视困扰的学生提供支持和帮助。这些机构可以提供心理咨询、法律援助等服务,让学生知道他们不会孤单地面对这些问题,学校将一直站在他们一边。

强化校园文化建设和教育是一项长期而重要的任务。通过课程、研讨会和宣传活动,以及鼓励开展性别平等和反性骚扰的教育活动,我们可以培养出更加尊重性别平等的新一代,为社会的进步和文明贡献自己的力量。只有建立起一个支持多元、反对性骚扰的校园文化,我们才能够真正实现教育的使命,培养出品德高尚、充满爱与尊重的未来领袖。这是我们共同的责任和目标,值得我们共同努力。

六、持续监控和评估预防与处理机制的有效性

在确立了反性骚扰预防和处理政策后,不仅需要将其实施在组织内,

第七章　校园性别平等与法律保护

还需要持续监控和评估其有效性，以确保政策的有效性和可持续性。这一过程包括定期评估性骚扰预防和处理政策的有效性，根据反馈和案件分析结果进行调整和改进，以及跟踪和分析性骚扰案件的数据，以便更好地理解问题的范围和性质，从而制定更有效的预防策略。

首先，定期评估性骚扰预防和处理政策的有效性至关重要。这意味着组织需要建立一个监测和评估体系，以检查政策是否实际达到了预期的效果。这一体系应包括收集员工和成员的反馈意见，以了解他们对政策的看法和建议。这可以通过定期员工满意度调查、匿名反馈渠道以及开放性的沟通渠道来实现。通过与员工直接对话，组织可以更好地了解他们在工作环境中所面临的问题，以及政策是否对他们产生了积极的影响。

其次，根据反馈和案件分析结果进行调整和改进是确保政策持续有效的关键步骤。当组织收到反馈或发现政策实施中的问题时，应立即采取行动。这可能包括对政策文本进行修订，以更好地反映组织的价值观和愿景，或者调整实施流程，以提高政策的执行效率。此外，对于那些不符合政策的案件，组织应该进行深入分析，以确定导致这些问题的根本原因，并采取措施来防止它们再次发生。这可以通过开展内部调查、听取相关各方的意见和建议，以及制定具体的改进计划来实现。

最后，跟踪和分析性骚扰案件的数据对于更好地理解问题的范围和性质至关重要。组织应该建立一个完善的数据收集和分析系统，以记录所有与性骚扰相关的案件，并对这些数据进行仔细分析。通过对案件数据的分析，组织可以了解性骚扰发生的频率、地点、受害者和施害者的特征，以及案件的处理结果。这有助于组织更好地理解问题的性质，是否存在潜在的模式和趋势，以及是否需要调整预防策略。此外，数据分析还可以帮助组织识别潜在的高风险区域和个体，从而能够有针对性地加强监测和预防措施。

在整个持续监控和评估过程中，组织需要确保透明度和开放性。员工和成员应该知道他们可以随时向组织提供反馈和报告性骚扰案件，并且可以相信组织将采取适当的措施来解决问题。此外，组织应该积极与员工和成员合作，以制定和改进性骚扰预防策略，确保政策的制定和执行可以有效解决问题。

持续监控和评估性骚扰预防和处理政策的有效性是组织确保工作环境

安全和健康的关键步骤。通过定期评估政策的实施情况，根据反馈和案件分析结果进行调整和改进，以及跟踪和分析性骚扰案件的数据，组织可以更好地了解问题的性质和范围，并制定更有效的预防策略。这不仅有助于保护员工和成员的权益，还有助于维护组织的声誉和信誉。只有通过不断的努力和改进，性骚扰问题才能得到根本性的解决，为所有人创造一个安全、公平和互相尊重的工作环境。

第三节 促进校园性别平等的法律举措

一、制定和执行校园性别平等政策

制定和执行校园性别平等法规是确保学校内性别平等的关键一步。性别平等政策不仅是一种法律要求，也是社会正义的一部分，旨在消除性别歧视、促进男女平等，以及创造一个包容和平等的学习和工作环境。因此，学校必须采取一系列措施来制定和执行这些政策。

学校需要明确制定性别平等政策，确保这些政策符合国家法律的要求。这些政策应该详细规定学校内部的性别平等原则和目标，明确禁止性别歧视的行为，无论是针对学生还是教职员工。政策应该明确规定，学校将采取一切必要措施来预防和制止性别歧视，包括但不限于对性别歧视的教育和培训。

性别平等政策应该关注校园内的具体需求。不同学校可能面临不同的性别平等挑战，因此政策应该针对性地解决这些问题。这可能包括制定性别平等计划，以确保在校园内平等地分配资源和机会，无论是在教育领域还是职业领域。学校应该积极地收集数据，以了解性别不平等的情况，并采取措施来消除这些不平等。

制定性别平等政策还需要建立严格的惩罚机制。这是为了确保那些违反性别平等原则的人受到适当的纪律处分。这些纪律处分应该根据违规行为的严重性来确定，可以包括口头警告、书面警告、停职或解雇等。通过建立明确的纪律程序，学校可以向学生和教职员工传达其对性别平等问题的认真态度，并强调违反性别平等政策将受到严肃对待。

制定性别平等政策还需要建立一个机制，使学生和教职员工能够报告性别歧视行为。这个机制应该是开放和易于访问的，以便任何人都可以匿名或公开报告问题。学校应该确保报告者不会受到任何不利对待，同时对报告进行及时和彻底的调查。如果调查发现有性别歧视行为，学校应该采取适当的纠正措施，并确保受害者得到合理的赔偿。此外，学校还应该积极推动性别平等的教育和宣传活动。这包括在课程中引入性别平等的内容，以帮助学生更好地理解性别平等的重要性。此外，学校可以举办性别平等的活动和讲座，提高学校社区的意识，并促进对性别平等问题的讨论和理解。

性别平等政策应该是一个持续改进的过程。学校应该定期审查和更新这些政策，以确保它们仍然有效，并能够应对不断变化的性别平等挑战。学校还可以与学生、教职员工和社区合作，以获取他们的反馈和建议，以改进性别平等政策的执行和效果。

制定和执行校园性别平等政策是确保学校内性别平等的重要举措。这需要学校关注具体需求，建立严格的惩罚机制，提供报告机制，进行教育宣传，以及持续改进政策。只有通过这些综合措施，学校才能真正实现性别平等，为学生和教职员工创造一个公平和包容的学习和工作环境。

二、提供性别平等教育和培训

提供性别平等教育和培训在今天的社会中变得愈加重要。学校是社会的重要一部分，扮演着培养下一代领袖和决策者的角色，因此有责任确保学生和教职员工具备性别平等的意识和技能。这不仅有助于消除性别不平等，还有助于创造一个更加包容和公正的社会。

定期举办性别平等教育和培训课程可以帮助学生了解性别问题的根本性质。通过这些课程，学生可以学习如何识别性别偏见，了解性别歧视的影响，以及如何在日常生活中采取行动来促进性别平等。这种教育可以帮助学生认识到性别不平等的存在，并激发他们参与消除性别歧视的愿望。此外，性别平等培训也应该面向学校的教职员工。教育工作者在塑造学生观念和态度方面起着至关重要的作用。因此，他们需要具备性别平等的知识和技能，以便在教育过程中传递正确的信息。培训可以帮助教师更好地理解性别问题，教授性别平等的原则，并采取积极的教育方法，以鼓励学生思考和讨论这些问题。

性别平等教育和培训的内容应该多样化，涵盖各个年龄段和教育阶段。从幼儿园到高中，学生应该接受适龄的性别平等教育。这可以通过绘本、游戏和互动活动来实现，以使教育有趣且容易理解。对于大学和职业教育，课程可以更加深入，包括性别研究、性别政策分析等方面的内容。

性别平等教育和培训的目标之一是提高性别平等的意识。这意味着学生和教职员工应该能够识别性别偏见和歧视，无论是在教室内还是社会中。他们应该明白性别不仅仅是男性和女性之间的差异，还包括性别认同、性取向和性别表达等多个方面。只有当人们真正理解性别的多样性时，才能更好地促进性别平等。此外，性别平等教育和培训还应该强调性别平等的重要性。学生和教职员工应该明白，性别平等对社会的可持续发展至关重要。当人们都有平等的机会和权利时，社会更加稳定，创造力和创新力也会增强。性别平等不仅仅是一种道德责任，还是实现社会繁荣的必要条件。

性别平等教育和培训应该强调如何在日常生活中实践性别平等。这包括鼓励学生和教职员工采取行动，以消除性别不平等；可以组织各种活动，如性别平等俱乐部、社区服务项目和倡导活动，让学生和教职员工亲身体验性别平等的实践。这些活动有助于将性别平等的理念付诸实际，并培养学生和教职员工成为性别平等的倡导者。

提供性别平等教育和培训是确保社会实现性别平等的重要一步。通过学校的努力，我们可以培养出更加理解和尊重性别多样性的一代人，他们将为创造一个更加公正和包容的社会而努力工作。性别平等不仅仅是一种理念，更是一种实际行动，我们每个人都有责任参与其中，推动社会迈向性别平等的未来。

三、确立性骚扰和性侵犯的预防及应对机制

确立性骚扰和性侵犯的预防及应对机制在任何教育机构中都至关重要，以确保学校成为一个安全、受尊重和无歧视的环境。这一机制需要包括明确的政策、有效的报告渠道、专门的处理机构、全校性的教育活动和支持服务，以下将详细探讨这些要素。

第一，学校应该制定明确的性骚扰和性侵犯预防政策，这一政策应该

明确规定了性骚扰和性侵犯的定义、禁止性行为的范围、违反政策可能引发的后果，以及学校对于报告和处理这类事件的承诺。政策应该明确表明学校的零容忍原则，即任何形式的性骚扰和性侵犯都是不可接受的，并且违反者将会受到严厉的处罚。这一政策应该以易于理解和易于访问的方式向全校师生公布，确保每个人都知道自己的权利和义务。

第二，学校应该建立安全、保密的报告渠道，以便受害者或目击者能够匿名或非匿名地报告性骚扰和性侵犯事件。这个渠道应该是多样化的，包括在线报告系统、电话热线、电子邮件和面对面举报选项，以确保每个人都能够选择最适合自己的方式来报告。此外，学校应该保证报告者的信息受到保护，防止其遭受报复或曝光。

第三，学校需要设立专门的委员会或办公室，负责处理性骚扰和性侵犯的报告。这个机构应该由受过专业培训的工作人员组成，他们具有处理这类敏感事件的经验和知识。这些工作人员应该以敏感和支持性的方式与报告者合作，确保他们得到必要的支持和资源。同时，这个机构应该进行彻底的调查，确保违反政策的行为得到追究，并采取适当的纪律措施。这些措施可能包括停职、开除、警告或其他纪律处分，具体根据违反程度和历史记录而定。

第四，学校应该定期举办相关的教育活动，提高全校师生对性骚扰和性侵犯问题的认识和警觉。这些教育活动可以包括讲座、研讨会、培训课程和宣传活动。教育活动的目标是增加人们对于什么是性骚扰和性侵犯的了解，如何辨别这些行为，以及如何报告和支持受害者。教育活动还应该强调性别平等、尊重和同意的重要性，以帮助改变校园文化，使之更加包容和尊重。而且学校应该提供全面的支持服务，以帮助受害者应对性骚扰和性侵犯事件带来的后果。这些支持服务可以包括心理咨询、法律援助、医疗支持和社交支持。学校应该确保受害者能够轻松获得这些服务，并且不会因为报告性骚扰和性侵犯事件而遭受任何不利对待。

确立性骚扰和性侵犯的预防及应对机制对于学校来说至关重要。这一机制应该包括明确的政策、有效的报告渠道、专门的处理机构、全校性的教育活动和全面的支持服务。只有通过这些措施的全面实施，学校才能够建立一个安全、受尊重和无歧视的校园环境，保护每个人的权利和尊严。

我们必须坚定不移地致力于消除性骚扰和性侵犯，以确保每个人都能够在学校中受到平等和尊重的对待。

四、加强性别平等的监督和评估

加强性别平等的监督和评估是确保性别平等政策有效实施的关键一环。学校在这方面的责任不仅仅是制定政策，还需要积极地监督和评估这些政策的实际效果，以确保性别平等的目标得以实现。为了达到这一目的，学校应该设立专门的委员会或部门，专注于性别平等事务的监督和评估。

首先，这个专门委员会或部门应该负责定期审查教育资源的分配情况。这包括教室资源、研究经费、学术机会等各方面的资源。通过对资源分配的定期审查，学校可以确保没有因性别而产生不平等的情况。这意味着不仅要关注资源的分配是否平等，还要确保资源的利用是否能够满足男女生的需求和机会平等。

其次，对于招聘和晋升过程中的性别平衡也需要定期审查。学校应该确保在招聘教职员工和晋升职位时不存在性别歧视。这包括审查招聘广告、面试和评价程序，以确保性别不会成为决定招聘和晋升的因素。此外，学校还应该关注在不同学科和领域中性别平衡的情况，以便纠正任何不平等的现象。

再次，对学校环境中可能存在的性别歧视问题也需要进行定期评估。学校应该积极关注学生和教职员工之间可能存在的性别歧视行为，以及学校文化中可能存在的性别刻板印象和偏见。这需要建立有效的举报机制，以便受到性别歧视的个体能够安全地报告问题，并确保及时采取行动来解决这些问题。

最后，学校还应该关注性别平等政策的实际影响。这包括审查性别平等政策的执行情况，以及政策是否达到了预期的效果。学校可以通过定期收集和分析数据来评估性别平等政策的影响，包括学生的学术成绩、教职员工的晋升情况及学校文化的变化等方面。这些数据可以帮助学校更好地了解政策的有效性，并根据需要进行调整和改进。

加强性别平等的监督和评估不仅仅是学校的法律义务，也是为了促进更加公平和包容的学校环境。性别平等不仅仅是一种政策，更是一种价值观，它应该贯穿于整个学校的文化和运营中。通过设立专门的委员会或部门，学校可以更加专注地处理性别平等问题，确保性别平等政策的有效实施，从而为所有学生和教职员工创造一个公平和平等的学习和工作环境。只有这样，我们才能真正实现性别平等的目标，推动社会的进步和发展。

第八章
高校学术自由与法律限制

在当代社会，随着知识经济的兴起和全球化的深入发展，高校成为知识创新与思想交流的前沿阵地。本章探讨了这一主题下的关键议题，着重分析了学术自由在法律框架内的界定与保障，以及其与国家安全之间的微妙平衡。

在这个信息爆炸、观点多元的时代背景下，高校学术自由的界定不仅是教育领域的关注焦点，更是触及法律、政治、社会等多个层面的深层次问题。学术自由是推动知识进步和社会发展的重要动力，但它并非无边界。首先，本章从法律的视角出发，探讨学术自由的合理边界与必要限制，尤其是在当前全球化与信息化背景下，这一议题显得尤为重要。我们将分析学术自由与国家安全之间的法律平衡，探讨如何在保障思想自由的同时维护国家安全与社会秩序。其次，本章还将深入探讨高校内言论自由的界定与法律约束。在互联网时代，信息的传播速度和范围前所未有，这给高校内的言论自由带来了新的挑战和机遇。我们将分析在这一背景下，如何通过法律手段保障高校师生的言论自由，同时防止和处理可能出现的滥用情况。最后，学术不端行为作为威胁学术诚信的因素，其法律处理机制亦是本章的重要内容。在强调学术自由的同时，如何通过法律手段维护学术界的健康发展，确保研究成果的真实性和可靠性，是每一个高等教育机构必须面对的问题。

本章旨在通过对上述议题的深入分析，为理解和应对当代高校学术自由与法律限制之间的复杂关系提供多角度的视野和思考。

第八章 高校学术自由与法律限制

第一节 学术自由的法律界定与保护

一、学术自由的法律定义

学术自由是一项涉及教育和研究领域的重要法律原则，它在不同国家和地区有不同的法律定义和历史渊源。学术自由的法律定义不仅反映了对知识自由和思想表达自由的尊重，还反映了高等教育和研究的核心价值观。

学术自由的历史起源可以追溯到古希腊和罗马时代，当时哲学家和学者被允许自由地表达他们的观点和思想。然而，现代学术自由的法律定义更多地受到启蒙时代和18世纪的思想影响。启蒙时代的哲学家强调了知识和思想的重要性，认为人们有权自由地追求知识和表达观点。这些思想在法律领域中得到了体现，成为学术自由的法律基础。

在不同国家和地区，学术自由的法律定义可能有所不同，但它们通常共享一些共同的核心原则。首先，学术自由包括教育和研究领域的言论自由。这意味着教师和研究人员有权自由地表达他们的学术观点，而不受政府或其他权力机构的干涉。其次，学术自由强调了学术界的自治性。大学和研究机构应该能够自主地管理他们的事务，包括教学和研究，而不受外部政治或商业压力的影响。最后，学术自由涵盖了对学生的教育权利，包括接触多样化的观点和思想，以促进批判性思维和知识的传递。

学术自由的规范依据蕴含在《宪法》第四十七条的表述中："中华人民共和国公民有进行科学研究、文学艺术创作和其他文化活动的自由。国家对于从事教育、科学、技术、文学、艺术和其他文化事业的公民的有益于人民的创造性工作，给以鼓励和帮助。"这条规定有两个不同层面的意思：第一，公民有文化活动的自由；第二，国家对从事文化事业的公民给以鼓励和帮助。前者是自由权性质的表述，即公民拥有从事文化活动的自由。后者是社会权性质的表述，对国家规定了作为义务，要求公权力机关积极对公民的有益于人民的文化事业予以鼓励和扶持。

在美国，学术自由的法律定义通常与第一修正案有关。美国宪法第一修正案保护了言论自由，这也包括了学术自由的范畴。根据美国法律，大学和学术机构享有学术自由的权利，可以自主决定他们的教学和研究方向，而不受政府的干预。这一原则在1915年的美国协会大学教授宣言中得到了明确体现，该宣言强调了学术自由的重要性，以推动知识的进步和社会的繁荣。

在欧洲，学术自由的法律定义也得到了广泛的认可。欧洲人权公约第十条规定了言论自由和学术自由的保护，确保了欧洲国家的学者和研究人员可以自由地追求知识和表达观点。此外，欧洲各国也通过国内法律和法规来保护学术自由，确保大学和研究机构的自治性和独立性。然而，尽管学术自由在法律上得到了广泛的承认，但在实际应用中仍然面临着挑战。学者和教师有时会面临政治压力或言论审查，阻碍他们自由表达观点。此外，商业和金钱利益也可能对学术自由构成威胁，因为大学和研究机构可能会受到赞助商或捐赠者的影响，导致研究结果出现偏差。

尽管存在这些挑战，学术自由仍然是现代高等教育和研究不可或缺的一部分。它为学者和研究人员提供了追求知识和真相的自由，促进了科学进步和社会发展。学术自由的法律定义和保护方法在不同国家和地区可能有所不同，但它们都旨在维护知识自由和思想表达自由的核心价值观，为教育和研究的自由和独立创造了必要的条件。因此，学术自由的法律定义不仅具有历史渊源，还对塑造现代社会和文化起着重要作用。

二、学术自由的法律保障

学术自由的法律保障是一个涵盖广泛、充满复杂性的议题，它不仅关系到知识的创新与传播，还深刻影响着社会的进步和发展。各国通过宪法、法律法规和政策来保障学术自由，但保障的程度、适用范围，以及在实际操作中可能出现的限制和挑战各不相同。

宪法是国家法律体系的基石，它确保了公民的基本权利和自由。许多国家的宪法明文规定了学术自由的重要性，并将其列为基本权利之一。《宪法》第四十七条就是学术自由的规范依据，前一句话保障了作为消极权利的学术自由，后一句话是其积极权利性质的表述。学术自由首先是一种消极权利，对"学术"一词进行法学上的解释可以划定它的保护范围。宪法

第八章　高校学术自由与法律限制

对学术自由给予了立法拘束型保障，但法律可以以基本权利的内外在制约为由对其进行限制。类似的规定在许多其他国家的宪法中也有所体现。然而，学术自由的保护程度因国家而异。一些国家将其视为至高无上的权利，绝对保护学者的研究和言论自由，而其他国家则可能在特定情况下对学术自由进行一定程度的限制。这种差异主要取决于国家的政治体制、文化传统和历史背景。例如，有些国家倾向于强调学术自由的重要性，但也有些国家更注重界定学术自由的限度。

学术自由的适用范围也是一个重要议题。在大多数国家中，学术自由通常适用于大学和研究机构，保护教师、研究人员和学生的学术活动。然而，一些国家可能在更广泛的范围内扩展学术自由的适用，包括在社会、媒体和公共领域中的言论自由。这种扩展可能会引发更多争议，因为它涉及平衡学术自由与社会秩序的关系。

在实际操作中，学术自由可能面临各种限制和挑战。有时候，学者可能受到来自社会、宗教或文化团体的压力，要求他们遵循特定的思想或观点，而不是进行自由的研究和表达。这种压力可能导致自我审查，限制了学者的学术自由。此外，经济因素也可能对学术自由产生影响。大学和研究机构通常需要资金来支持他们的研究和项目，而这些资金可能来自政府、私人机构或捐赠者。如果资金来源对学者施加了限制或干预，他们可能不得不调整研究方向或言论，以符合资金提供者的期望。这可能损害学术自由的独立性。

学术自由还可能受到安全威胁的影响。在一些国家，学者可能因其研究或言论而面临人身安全的威胁，这可能导致他们不敢开展敏感研究或表达观点。这种威胁可能来自恐怖组织或其他非法行为。国际合作和交流也对学术自由具有重要影响。学术界通常依赖于国际合作和知识交流，这有助于推动科学和研究的进步。然而，一些国家可能试图限制学者与国际社会的联系，从而削弱了学术自由的国际维度。

学术自由的法律保障是一个复杂的议题，涉及政府、社会、文化和经济等多个方面。各国在保障学术自由方面存在差异，不同国家的政治和社会环境也会对学术自由产生不同的影响。在全球化和信息时代，维护学术自由的重要性愈发凸显，需要国际社会共同努力，以确保学者能够在自由、开放的环境中进行研究和表达观点，推动人类知识和文化的进步。

三、学术自由与其他权利的关系

学术自由是一个社会中至关重要的概念，它旨在保护学者和研究人员在他们的研究和教育工作中不受不当干扰和限制。然而，学术自由并非孤立存在，它与其他民主权利如言论自由、出版自由等有着密切的关系。

学术自由与言论自由之间存在紧密联系。言论自由是一项基本权利，它赋予每个人表达自己的观点和意见的权利，无论这些观点是多么不同寻常或具有争议性。学术自由在很大程度上依赖于言论自由，因为学者和研究人员需要能够自由地表达和传播他们的研究成果和观点。然而，学术自由并不仅仅是言论自由的延伸，它还包括了对学术研究和教育的自主权，包括选择研究主题、探索不同的理论和观点，而不受政治或社会干预。

另一方面，学术自由与出版自由之间也存在密切的联系。出版自由是指每个人都有权利在合法框架内出版和传播信息、观点的权利。在学术领域，这意味着学者和研究人员有权于合法框架内在学术期刊、书籍和其他出版物中发表他们的研究成果。学术自由不仅涵盖了研究的自主权，还包括了将研究成果传播给广泛受众的权利。然而，出版自由也不是学术自由的全部，因为学术自由还包括了对教育过程的自主权，这意味着教育工作者有权于合法框架内在课堂上教授他们认为最合适的材料和观点，而不受政治或社会干预。

尽管学术自由、言论自由和出版自由之间存在密切联系，但它们也有一些关键的区别。学术自由更加专注于学术研究和教育领域，强调学者和研究人员的自主权。言论自由更广泛，包括了每个人的言论权利，不仅限于学术界。出版自由则强调了信息传播和发表的权利，但不一定涉及言论的表达方式。这些权利之间的区别在特定情境下可能导致潜在冲突，因此需要仔细地权衡和处理。

其中，言论自由通常被认为是一项最基本的权利，但也需要受到一定的限制，例如对恶意诽谤、公然煽动暴力或令人恶心的言论的限制。在学术自由方面，学者和研究人员有责任遵守学术伦理和研究规范，以确保他们的研究是可信的和有价值的。

四、学术自由的现代挑战

在当前全球化和数字化时代，学术自由面临着前所未有的挑战。这些挑战包括知识产权问题、资金来源的透明度等，它们共同影响着学术自由的实践和保护。

第一，知识产权问题在一定程度上对学术自由构成了挑战。在数字化时代，学术研究的成果和知识往往以电子形式存储和传播，这使得知识产权的保护变得更加复杂。一方面，学者需要合理地保护自己的研究成果，以防止未经授权的复制和盗用。另一方面，知识的共享和开放获取也是学术自由的重要原则之一。因此，如何在知识产权保护和知识共享之间取得平衡成了一个关键问题。

第二，资金来源的透明度也是学术自由领域的一大挑战。许多学术研究项目和机构依赖于资金的支持，而这些资金往往来自政府、私营企业或非营利组织。然而，资金的来源和用途应该是透明的，以确保学术研究的独立性和诚实性。如果资金来源不透明或受到操控，可能会对学术自由产生负面影响，导致研究的偏见或不当干预。

第三，学术自由面临着来自社交媒体和网络平台的挑战。这些平台成为信息传播的主要渠道，但它们也有权对内容进行管理和筛选。这种做法引发了一些争议，因为平台的政策和算法可能导致学者的观点受到限制或审查。这对于学术自由来说是一个复杂的问题，需要平衡言论自由和信息管理的权衡。

第四，学术自由还受到来自极端主义和仇恨言论的挑战。在数字化时代，极端主义思想和仇恨言论可以迅速传播，并对学术界产生负面影响。学者可能会受到威胁或恐吓，以限制他们的研究和言论自由。因此，如何应对极端主义和仇恨言论，保护学术自由成为一项紧迫的任务。

学术自由在全球化和数字化时代面临着诸多新挑战。知识产权问题、资金来源的透明度、社交媒体平台的管理和极端主义言论都对学术自由构成了威胁。解决这些挑战需要国际社会和学术界共同努力，以确保学者能够自由地进行研究、表达观点，并促进知识的创新和共享。只有这样，学术自由才能在现代社会中得以维护。

第二节　学术自由与国家安全的法律平衡

一、学术自由的定义与重要性

学术自由，这一原则的核心是保护学者和研究者在其工作中享有自由和权利，包括在学术研究、教育和表达观点方面的权利。学术自由的概念涵盖了许多方面，但在其根本上，它代表着学者在追求知识、推动科学和文化进步时的自由度。

学术自由是指学者和研究者在其工作中不受外界干扰或限制的权利。这包括他们独立选择研究课题、开展研究、发表研究成果，以及表达他们的观点和看法的自由。学术自由还包括学术界内部的自我管理和自我监督，以确保研究的真实和质量。学术自由的重要性不容忽视。首先，学术自由是知识创新的关键。在没有学术自由的情况下，学者和研究者可能会受到限制，他们的研究成果可能会受到审查。这将严重阻碍科学和学术领域的发展，因为新思想和新理论需要在自由的环境中得以探讨和发展。学术自由为学者提供了探索新领域和挑战传统观点的机会，从而推动了知识的前进。其次，学术自由是学术探索的基础。学者需要自由地追求他们感兴趣的研究问题，而不受外界的干涉或限制。这种自由有助于他们深入研究复杂的问题，提出新的理论和观点，并开展创新的实验和调查。如果学者受到一些因素干扰，他们将不太可能从事具有挑战性的研究，这将损害学术领域的质量和创造力。此外，学术自由也与言论自由紧密相连。学者应该有权表达他们的观点，即使这些观点可能受到争议或不受欢迎。学术自由保护了学者免受审查和打压，鼓励他们大胆地提出新观点，并参与公共辩论。这有助于社会更好地理解和处理复杂的问题，促进了开放和包容的社会对话。

学术自由还有助于促进文化多样性。在一个充分尊重学术自由的环境中，不同背景和文化的学者都有机会为世界的不同问题提供独特的观点和解决方案。这有助于打破文化隔离，促进跨文化交流和理解，丰富了全球文化的多样性。学术自由还与学术界的独立性和自治性密切相关。独立的学术机构和大学能够自主决定他们的教学和研究方向，而不受外界因素干扰。这种独立性有助于保护学术研究的纯度和客观性，确保研究的结果不受外部利益的干扰。然而，尽管学术自由的重要性不言而喻，但它并非一成不变。在某些情况下，学术自由可能受到挑战和威胁。经济利益、意识形态偏见和社会动荡都可能威胁学术自由。这种干涉可能会对学术自由造成严重损害，阻碍学术界的发展和进步。为了维护学术自由，社会各界都有责任采取措施。政府应该尊重学术自由的原则，确保学者受到保护。学术界和高校应该积极维护其独立性，确保他们的研究和教学不受外部利益的左右。同时，学者和研究者也应该自觉地遵守学术道德规范，保持研究的真实和质量，不受意识形态或商业压力的影响。

学术自由是现代社会和文化的重要组成部分。它为学者提供了自由和创新的空间，促进了知识的创新和科学的进步。它也有助于推动开放和包容的社会对话，促进了文化多样性和跨文化交流。维护学术自由是我们共同的责任，因为它对于我们的社会和文化的繁荣至关重要。只有在尊重学术自由的前提下，我们才能实现真正的知识创新和社会进步。

二、国家安全的范畴与挑战

在当前时代，国家安全是一个日益重要且复杂的议题，其范畴涵盖了广泛的领域，包括政治、经济、军事、社会和文化等多个方面。国家安全的概念不再局限于传统的领土防卫和军事威胁，而是扩展到了更加综合和全面的层面，包括了信息泄露、网络安全、知识产权保护等诸多问题。

现今，国家安全的定义更加广泛，涵盖了国家的政治稳定、社会和谐、经济繁荣及文化传承等多个层面。国家安全的范畴已经扩展到了人民的生活质量、国家的软实力和国际地位等多个方面，这使得国家安全成为一个更为复杂和全面的议题。

在信息时代的背景下，国家安全所面临的挑战也日益复杂和多样化。信息泄露问题成了一个突出的挑战，因为现代社会产生了大量的数字信息，包括政府机密、商业机密及个人隐私等。这些信息的泄露可能对国家的安全和利益造成严重损害。黑客活动、间谍行为及内部泄密都成了信息泄露的主要来源，这需要国家采取有效的措施来保护信息安全。

网络安全问题也是国家安全领域的一个重大挑战。随着信息技术的迅速发展，网络已经成为国家基础设施的重要组成部分，包括电力、交通、金融系统等。网络攻击的威胁日益严重，黑客组织、犯罪分子和国家间的网络战争活动都对国家的安全构成了严重威胁。国家需要投资于网络安全技术和人才培养，以应对不断增长的网络威胁。此外，知识产权保护也是国家安全领域的一项重要问题。在全球化和数字化时代，知识产权对国家的经济发展和创新能力至关重要。然而，盗版、侵权行为和知识产权窃取等问题对知识产权的保护构成了威胁。国家需要采取法律、政策和国际合作来加强知识产权的保护，以确保国家的经济和技术领域不受损害。

国家安全的概念在当前时代已经发生了根本性的变化，不再仅仅局限于传统的军事威胁，而是扩展到了政治、经济、社会和文化等多个层面。国家安全所面临的挑战也变得更加复杂和多样化，包括了信息泄露、网络安全、知识产权保护等问题。为了维护国家安全，需要采取综合的战略，包括内外部合作、法律法规的制定和执行、技术投资等多个方面的措施。国家安全已经成为一个全球性的议题，需要国际社会共同努力来解决。

三、潜在冲突与解决方案

学术自由是指学者在进行研究和教学时，不受政治、宗教或其他外部因素干扰的权利。它是知识产生和传播的基石，为学术界提供了开放的环境，促进了创新和思想的自由交流。然而，国家安全是维护一个国家的独立、安全和稳定的至关重要因素。它包括了对内外威胁的应对和防范，有时需要政府采取措施来确保国家的安全。

在某些情况下，学术自由和国家安全之间可能发生冲突。学术研究可能涉及敏感信息或技术，这些信息可能会被利用来威胁国家安全。例如，研究核武器技术或生物恐怖主义的方法可能会对国家安全构成威胁。政府可能会因为担心这些研究的结果而试图限制或监控学术活动。这引发了一个问题，即如何在维护学术自由的同时，确保不会危及国家安全。

首先，政府应该明确规定哪些研究领域可能涉及国家安全问题，以及在这些领域中的限制和监管措施。这可以帮助学者了解他们的研究可能受到的限制，并避免不必要的纷争。同时，政府也应该与学者和学术机构合作，制定适当的安全措施，以确保敏感信息的保护。其次，建立独立的评估机构和机制，用于评估可能涉及国家安全的研究项目。这些机构可以由学术界和政府共同参与，以确保评估的客观性和公正性。

此外，促进国际合作和信息共享也是解决冲突的途径之一。政府可以与其他国家合作，建立机制来分享信息和技术，同时确保国家安全得到维护。这可以促进科研的发展，并减少国际合作可能引发的冲突。

学术自由和国家安全之间的冲突是一个复杂的议题，需要权衡各种利益和价值观。透明度、独立评估、国际合作是解决冲突的关键。只有通过合理而平衡的方法，才能确保学术自由和国家安全之间的有效平衡，促进知识的发展和社会的进步。

四、法律框架与政策指导

法律框架与政策指导在维护学术自由和国家安全之间的平衡是一个复杂而敏感的议题。接下来将分析现行法律和政策是如何在追求这一平衡的过程中发挥作用，包括国际法准则、国家立法以及教育机构的政策。

在国际层面，学术自由受到广泛认可和尊重。例如，联合国大会通过了一系列决议，明确强调了学术自由作为人权的一部分。这些国际法准则为各国提供了指导，要求各国在法律和政策上保护学术自由。然而，国际法并没有为学术自由设定具体的定义，这使得不同国家可以根据自己的需要来解释和平衡这一概念。同时，国际法也允许国家在国家安全的名义下采取一些限制措施，这在一定程度上增加了平衡的复杂性。

在国家层面，各个国家都制定了相关法律和政策来维护学术自由并确保国家安全。这些法律和政策的具体内容因国家而异，但它们通常包括以下方面的考虑。

国家必须确保学术自由的权利得到尊重。这包括保护学术机构的独立性，防止政府或其他外部势力对学术研究和教育的干预。法律和政策通常规定了学术自由的基本原则，如言论自由、出版自由和研究自由。这些原则为学者和教育机构提供了一定的自由度，使他们能够自由地探讨各种观点和思想。

国家也需要考虑到国家安全的需求。这包括防止恐怖主义活动、维护社会稳定和保护国家机密。因此，国家可以采取一些限制措施，例如监控学术活动、限制特定研究领域的访问、限制外国学者的合作等。这些措施通常是出于国家安全的考虑，但也可能对学术自由产生一定程度的制约。此外，政策制定者需要平衡学术自由和国家安全的冲突。这意味着需要在两者之间找到合理的折中方案。例如，政府可以通过审查和许可制度来管理敏感研究领域，以确保国家安全。同时，政府也应该建立独立的监督机构，以监督政府对学术自由的干预，以防止滥用权力。

教育机构在维护学术自由和国家安全之间也扮演着重要角色。这些机构通常有自己的政策和规定，旨在平衡学术自由和国家安全。例如，大学可以制定独立的学术自由细则，明确学术自由的重要性，并规定学者的权利和义务。同时，大学也应该与政府和安全机构合作，确保他们的研究和教育活动不会危害国家安全。

在政策制定者制定相关法律和政策时，必须综合考虑学术自由的价值和国家安全的需求。这需要进行权衡和妥协，以确保既保护学术自由又维护国家安全。这可能涉及权力的分散和监督机制的建立，以防止权力滥用。同时，政策制定者还应该积极促进对学术自由的理解和尊重，以避免不必要的限制和干预。

法律框架与政策指导在维护学术自由和国家安全之间的平衡是一个复杂而敏感的问题。国际法准则、国家立法和教育机构的政策都在这一过程中发挥着关键作用。政策制定者必须在权衡学术自由和国家安全的冲突时寻求合理的解决方案，以确保社会既能够自由地追求知识和思想，又能够保护国家的安全和稳定。这需要不断的审视和调整，以适应不断变化的社会和安全环境。

第三节　高校内的言论自由与法律约束

一、言论自由的界定

言论自由在高校环境中的定义和意义是一个复杂而深刻的主题。高校作为知识传播和思想交流的场所，在社会中扮演着特殊的角色。高校是知识的源泉和传承者，它们的任务之一是培养学生，为他们提供广泛的知识和思维工具，以便他们能够在未来的职业生涯中取得成功。然而，知识的传播和创新依赖于言论自由，因为只有在没有恐惧或压力的情况下，教师和学生才能自由地表达他们的想法、观点和研究成果。

言论自由在高校中的意义不仅仅是为了维护学术自由，更重要的是为了促进开放的思想交流。高校应该是一个自由辩论和讨论的场所，各种观点和观念都应该得到尊重和讨论的机会。这种开放性的环境有助于学生拓宽视野，培养批判性思维和分析能力，使他们能够更好地理解复杂的问题和挑战。言论自由也有助于推动学术研究的发展，因为不同的观点和理论可以相互竞争和交流，从而推动知识的前进。

然而，言论自由并不意味着可以无限制地表达一切观点和言论。在高校环境中，言论自由必须受到一定的限制，以确保它不越界或造成不良影响。首先，言论自由不应该用于鼓吹暴力、仇恨或歧视。这种言论不仅有害，还可能导致实际的伤害和冲突。高校必须确保校园是一个安全和包容的环境，不容忍这种有害的言论。其次，言论自由也不应该侵犯他人的隐私权或造成滋扰。言论自由的行使应该受到一定的道德和伦理约束，以确保不侵犯他人的权益。如果一个人的言论侵犯了他人的隐私或造成了不必要的滋扰，那么高校应该采取适当的措施来加以限制。

高校还必须平衡言论自由和学术自由之间的关系。学术自由是教师和研究人员在开展研究和教学时的自由，它包括选择研究课题、发表研究成果等。言论自由和学术自由之间的关系需要仔细权衡，以确保高校既能够维护开放的思想交流，又能够保护学术自由的权益。

高校在培养学生独立思考和批判性思维能力方面面临着责任和挑战。言论自由不仅是为了保护教师和学生的权利，也是为了教育他们如何正确地运用言论自由。高校应该鼓励学生积极参与辩论和讨论，教导他们如何表达自己的观点并尊重他人的观点。这有助于培养学生的批判性思维和沟通能力，使他们能够在未来的职业和社会生活中更好地应对各种挑战。然而，高校也面临着挑战，因为言论自由有时会引发争议和冲突。一些言论可能受到争议，甚至被视为冒犯性或不当言论。高校必须学会如何处理这种争议，平衡言论自由和校园和谐之间的关系。这需要建立适当的机制和政策，以解决争议并保护校园的安宁。

言论自由与多元化之间存在着紧密的关系。多元化是指不同背景、信仰、文化和观点在一个社会或组织中共存和相互交流的现象。高校通常是多元化的地方，吸引来自不同背景和文化的学生和教师。言论自由在这种多元化的环境中具有特殊的意义和挑战。

言论自由在多元化的高校环境中有助于促进理解和尊重不同观点和文化。学生和教师来自不同的背景，他们可能持有不同的信仰、价值观和观点。言论自由为他们提供了表达自己观点的机会，同时也为其他人提供了机会了解和学习不同的观点。这有助于消除误解和偏见，促进多元化社区的建设。

然而，言论自由与多元化之间也存在挑战。一方面，言论自由可能导致某些言论对多元化社区的成员造成伤害。在多元化的高校环境中，某些言论可能会被视为冒犯性或歧视性，从而引发争议和不满。这就要求高校管理者和社区成员权衡言论自由与社会和谐之间的关系，确保言论自由不损害多元化社区的团结和尊重。另一方面，多元化也可能对言论自由提出挑战。有些观点可能与多元化的原则相抵触，但它们仍然有权在高校环境中被表达。这就需要高校管理者和社区成员学会容忍和处理这种冲突，通过建立开放的对话和辩论机制来解决争议。此外，高校还需要关注言论自由与安全之间的平衡。一些言论可能会引发安全问题，例如鼓吹恐怖主义或煽动暴力。高校必须确保言论自由不危及校园的安全，同时也要保护学生和教师的权益。

言论自由在高校环境中具有重要的定义和意义。它不仅是保护教师和学生的权利，也是促进开放的思想交流和多元化社区建设的关键。然而，言论自由也面临挑战，需要高校管理者和社区成员共同努力来平衡言论自由与社会和谐、安全和多元化之间的关系。这需要建立适当的政策和机制，以确保高校能够充分发挥其在知识传播和思想交流中的作用，同时维护校园的和谐与尊重。

二、法律约束与言论自由的边界

言论自由是一个重要的社会价值，但并非绝对无限的。它受到法律的保护，但也受到法律的限制，以确保社会的和谐、公平。因此，接下来将分析法律对于言论自由的约束，特别是在高校环境中如何合理应用这些约束；将探讨如何通过法律框架来界定言论自由的合理范围。

言论自由作为一个基本权利，受到宪法保护。然而，在高校环境中，这一权利常常需要与其他权利和法律原则相平衡。一个重要的法律限制是诽谤法。诽谤是指在没有充分证据的情况下，公开发布虚假、有害、损害他人名誉的言论。尽管言论自由赋予了人们表达自己的观点的权利，但这并不意味着可以毫无根据地散布虚假信息或对他人进行恶意攻击。在高校环境中，教育机构和个人都必须注意，他们的言论不得违反刑法，否则可能会面临相应的法律后果。此外，版权相关法律法规也是高校言论自由的一个限制因素。版权相关法律法规保护知识产权，包括文字、音乐、影片等创作。高校通常是知识创造和分享的地方，但学者和学生在使用他人作品时必须遵守法律规定。未经授权使用他人的作品可能构成侵权，这可能引发法律纠纷。因此，高校需要建立明确的政策和程序，以确保在言论自由的框架内合法使用他人的作品。

另一个重要的法律限制是反歧视的法律法规。言论自由不能被用来合理化歧视、发表仇恨言论或攻击特定群体的言论。高校必须采取措施，确保校园环境不容忍歧视和仇恨，因为这会对学校社区的和谐和多元性产生负面影响。这就要求高校采取措施来防止歧视，包括对违法行为采取纠正措施。

在法律约束方面，高校还需要考虑到学术自由的原则。学术自由是一项重要的权利，允许教师和学者在学术研究和教育中自由表达他们的观点。然而，学术自由也受到法律的限制，不能用于合理化不当行为或违反其他法律的行为。高校必须确保在保护学术自由的同时，也遵守适用的法律规定。

为了合理应用这些法律约束，高校可以制定明确的政策和程序，以帮助学生和教职员工理解言论自由的边界。这些政策和程序可以包括培训和教育，以增强意识、扩展知识，以及指导如何遵守相关法律。此外，高校还可以建立机构来处理与言论自由相关的投诉和争议，以确保公平和透明的处理方式。

法律约束与言论自由的边界是一个复杂而敏感的问题，特别是在高校环境中。高校需要制定明确的政策和程序，以帮助学生和教职员工理解这些限制，并确保言论自由在合理的范围内得到保护。在这个过程中，高校必须权衡言论自由与其他法律原则的关系，以建立一个开放、包容和法治的学术环境。

三、高校管理层的策略和响应

高校管理层在处理言论自由与法律约束的问题上，必须采取综合性、审慎和公正的策略和方法。这一问题涉及平衡言论自由和社区安全、尊重多样性和维护法律秩序的复杂挑战。

第一，高校管理层需要建立明确的政策和程序，以指导师生的言论行为。这些政策应当明确规定什么样的言论是被允许的，什么样的言论是被禁止的，并且应该包括明确的惩罚措施以应对违反言论政策的行为。这有助于明确高校社区的行为准则，鼓励负责任的言论行为，防止言论滥用。

第二，高校管理层需要确保这些政策和程序与法律规定相一致。言论自由是宪法赋予每个人的基本权利，但也受到一定的限制。管理层需要在制定政策时考虑到国家和地区的法律法规，以确保言论自由不会违反法律。这需要与法律顾问和权威机构密切合作，以确保高校社区的言论政策合法有效。

第三，高校管理层还需要积极参与社区对言论自由的讨论和教育。这包括开展教育活动，帮助师生了解言论自由的重要性及言论的影响。通过教育，可以提高社区成员的言论意识，鼓励负责任的言论行为，减少不适当的争论和冲突。高校管理层也需要设立机制来处理言论纠纷和投诉。这些机制应该是公开透明的，确保所有社区成员都有平等的机会提出投诉和辩护。管理层应该设立专门的部门或委员会来处理这些事务，确保公正和迅速地处理言论纠纷。

第四，高校管理层还需要密切关注社会和政治环境的变化，以及对言论自由的挑战。随着社交媒体的兴起，高校管理层需要不断调整策略和政策，以适应不断变化的情况。这可能需要进行定期的审查和更新，以确保高校社区能够应对新的挑战和问题。

第五，高校管理层还应该促进言论多样性和包容性。言论自由不仅仅是允许人们表达自己的意见，还包括鼓励不同观点的存在。管理层应该采取措施，确保在校园内存在多样的观点和声音，同时确保这些观点在平等和尊重的环境中得以表达。最重要的是，高校管理层必须坚决维护社区成员的安全和福祉。言论自由不能成为对个体或群体的攻击的借口。如果言论行为涉及恶意攻击、仇恨言论或其他违法行为，管理层必须采取果断的行动来保护社区成员的权益。这可能包括报警、纪律处分或法律起诉，取决于情况的严重程度。

高校管理层在处理言论自由与法律约束时，面临着复杂而敏感的任务。他们需要建立明确的政策和程序，确保与法律一致，同时积极参与社区教育和讨论。他们还需要设立公平的投诉处理机制，不断适应变化的社会环境，促进多样性和包容性，并维护社区成员的安全和福祉。只有在综合考虑了这些因素之后，高校管理层才能有效地平衡言论自由和法律约束，维护一个自由而安全的校园环境。

第四节　学术不端行为的法律处理

一、定义和识别学术不端行为

学术不端行为是在学术研究和学术写作过程中违反道德和诚信原则的违法行为。这些行为包括但不限于抄袭、伪造数据、篡改研究结果、重复发表、未经允许使用他人研究成果等。学术不端行为严重损害了学术界的声誉和信誉，对知识体系的发展和学术社区的良性运作构成了威胁。

抄袭是学术不端行为中最常见的一种形式。它涉及将他人的文字、观点、数据或研究成果复制并将其呈现为自己的工作，而不进行适当地引用和来源标注。抄袭不仅剽窃了他人的努力和创意，还误导了读者，使他们相信这些信息是原创的。伪造数据和篡改研究结果是另一种严重的学术不端行为。这包括捏造实验数据或结果，以支持自己的假设或论点，或者故意修改研究结果使其看起来更有利于自己的立场。这种行为不仅严重侵犯了科学研究的诚信，还可能导致错误的科学发现，对社会产生负面影响。重复发表是指将已经发表过的研究再次发表在不同的期刊或会议上，通常伴随着对研究结果的轻微改动或修订。这种行为损害了学术刊物的可靠性和可信度，同时也浪费了同行评审的时间和资源。未经允许使用他人研究成果是指在没有授权或引用的情况下使用他人的研究成果、数据或观点。这种行为不仅侵犯了知识产权，还削弱了学术合作和知识共享的基础。

要有效识别和监测这些学术不端行为，高校需要采取一系列措施。首先，高校应建立明确的学术不端行为定义和政策，以明确规定何为不端行为，并明确违规的后果。这些政策应该广泛宣传，以提高学术社区对诚信的重视。其次，高校应设立专门的学术诚信办公室或委员会，负责监督和调查学术不端行为的举报和投诉。这些机构应该与教师、研究生和本科生建立联系，提供培训和资源，以帮助他们识别和避免不端行为。最后，高校可以采用先进的技术工具，如使用文本相似性检测软件来检测抄袭行为。这些工具可以比对学生和研究人员提交的文稿与已有文献的相似性，并标识出可能涉及抄袭的文字或段落。

除了监测和惩罚学术不端行为，高校还应该加强学术诚信的教育。这可以通过开设诚信教育课程、举办学术诚信研讨会，以及提供相关资源和指导来实现。学术界应该强调诚信的重要性，鼓励学生和研究人员积极参与学术社区，遵守道德规范。高校应建立透明的举报机制，以保护举报者的身份并确保举报不端行为的过程公正和可信。这将鼓励学生和研究人员积极参与学术不端行为的揭露和制止，从而维护学术界的诚信和声誉。

学术不端行为对学术界和社会产生了严重的负面影响，必须得到有效的定义、识别和监测。高校应采取一系列措施来防止和打击这种行为，包括建立明确的政策、设立监管机构、使用技术工具、加强教育，并建立透明的举报机制。只有通过全面的努力，学术界才能维护诚信和信誉，推动知识的持续发展和进步。

二、法律框架和规章制度

首先，学术不端行为通常被视为一种违法行为，这在大多数国家都有明确的法律规定，这些法律明确规定了学术不端行为的性质和后果。学术不端行为可以包括欺诈、剽窃、作弊、伪造数据等，而国家法律会对这些行为进行明确定义。同时，国家法律也规定了可能的处罚措施，如罚款、吊销学位，甚至是刑事起诉。这些法律的存在和实施，为学术不端行为设定了明确的界限，使违规者面临法律责任，从而起到了强有力的威慑作用。

其次，教育部门在制定和实施教育政策时也发挥着重要作用。教育部门通常会发布关于学术不端行为的指导方针和规定，以确保高校和其他教育机构遵守国家法律。这些指导方针可以涵盖学术诚信、研究伦理、学术调查程序等方面的内容。教育部门还可以对高校的质量和管理进行评估，以确保他们采取适当的措施来预防和处理学术不端行为。通过这种方式，教育部门促进了学术界的合规性和诚信性，同时确保了学术标准的维护。

最后，高校内部规章制度也是关键的一环。每所高校都应该制定自己的学术诚信政策和程序，以适应其特定的教育环境。这些规章制度应明确规定什么是学术不端行为，如何举报不端行为，以及如何进行调查和处罚。高校可以建立内部委员会或机构来处理学术不端行为的投诉和调查，以确保公平和透明的程序。此外，高校还可以开展教育和宣传活动，提高学生和教职员工的学术诚信意识。通过内部规章制度的制定和执行，高校能够自我管理学术不端行为，维护学术声誉和诚信。

这些法律框架和规章制度的共同作用是非常重要的。国家法律为学术不端行为设定了明确的法律标准和处罚措施，教育部门提供了指导和监督，而高校内部规章制度则确保了学术诚信的执行和维护。这些规定的有效实施对于维护学术诚信和提高教育质量至关重要。只有当这些法律和规章制度紧密协作并得到全面执行时，我们才能建立一个公平、透明和诚信的学术环境。这有助于培养出真正的学术精英，推动社会和科学的进步。同时，这也向学生传达了学术诚信的重要性，为未来的领导者和决策者树立了榜样。在这个共同的努力下，我们可以更好地应对学术不端行为，确保教育体系的可持续发展。

三、处理程序和机制

学术不端行为是学术界和教育体系中的一个严重问题。一旦出现学术不端行为的迹象，学校和相关机构需要采取一系列处理程序和机制来应对这一挑战，以确保学术诚信的维护和不端行为的惩罚。接下来将深入讨论这些处理程序和机制，涵盖报告机制、初步调查、正式调查、听证会等程序，以及如何确保处理过程的公正性和透明度。

学术不端行为的发现通常始于报告机制。学校和相关机构需要建立一个有效的报告渠道，以便教师、学生和其他相关人员能够匿名或实名报告任何学术不端行为的迹象。这个渠道应该易于访问，保护举报者的隐私，同时确保他们不会受到报复或威胁。报告机制的存在对于揭露不端行为至关重要，因为它为问题的曝光提供了第一步。

一旦接收到关于学术不端行为的报告，学校和相关机构应立即进行初步调查。初步调查的目的是收集足够的证据来确定是否存在学术不端行为。这一过程应该由具有专业知识的人员进行，他们可以采取适当的措施，例如采访相关当事人、审查相关文件和电子记录等。初步调查的结果将决定是否需要进行更深入的正式调查。

正式调查是处理学术不端行为的关键步骤之一。在正式调查中，专门的调查小组将深入研究报告的学术不端行为，并采取必要的行动来收集更多的证据。这可能涉及对涉及方的采访、文件审查、数据分析等方法。正式调查的目标是确定不端行为的性质、程度和涉及的当事人。这一过程需要高度的专业知识和严格的程序，以确保公平和正义的实现。

在正式调查的基础上，学校和相关机构可能会决定召开听证会。听证会是一个公开的程序，旨在听取双方的陈述和证据，以便做出决定。在听证会上，涉及方可以辩护自己的立场，并提供有关不端行为的任何相关信息。同时，调查小组也将呈现他们的调查结果和证据。听证会的目的是确保听取双方的意见，并为最终的裁决提供充分的信息。

为了确保处理过程的公正性和透明度，学校和相关机构需要采取一些关键措施。首先，所有的程序和决策应该记录下来，以确保透明度和可追溯性。这包括记录初步调查、正式调查和听证会的所有步骤、决策和结果。这些记录可以供相关方查阅，以确保整个过程的公正性。其次，学校和相关机构应该确保在处理学术不端行为时遵守适用的法律法规和政策。这包括保护举报者的权利、确保被指控的当事人享有合理的辩护权利，以及采取适当的处罚措施。不遵守法律法规和政策可能导致处理过程的不公正性和合法性受到质疑。最后，学校和相关机构还应该建立一个独立的审查机制，以确保处理过程的公正性。这个审查机制可以由独立的委员会或专家组成，他们没有利益冲突，并可以对处理过程的各个方面进行独立评估。这有助于确保决策不受内部或外部的干扰，提高了公正性的保障。

学校和相关机构应该采取适当的纪律措施来惩罚学术不端行为。这可能包括撤销学位、暂停教职、罚款、公开谴责等措施，具体取决于不端行为的性质和严重程度。纪律措施应该严格执行，以确保学术不端行为受到有效的惩罚，同时也要确保被指控的当事人享有合法的申诉权利。

处理学术不端行为是一个复杂的过程，涉及多个程序和机制。报告机制、初步调查、正式调查、听证会等程序都是确保问题得到妥善处理的关键步骤。同时，公正性和透明度也是处理过程的重要原则，确保不端行为的惩罚是公平和合法的。只有通过严格执行这些程序和原则，学校和相关机构才能有效地维护学术诚信，保护教育体系的声誉和教育质量。

四、法律责任和后果

学术不端行为可能导致的最常见法律责任之一是学术处分。大多数学术机构都有明确的学术诚信政策，违反这些政策的学生或教职员工可能会受到处分，如取消课程资格、撤销学位、停职或解雇等。这些处分对个人的学术生涯产生直接而严重的影响，可能使一个人失去在学术界或专业领域的地位和机会。学术不端行为还可能导致行政处罚。这些处罚通常由学术机构内部的行政部门或委员会负责，并可能包括停职、禁止参与研究项目、取消研究经费等。这些行政处罚不仅会对个人的职业生涯产生负面影响，还会对研究项目和团队产生不利影响。此外，学术不端行为还可能触发刑事责任。虽然这种情况相对较少见，但在某些情况下，学术不端行为可能涉及刑法的相关条款，如伪证、侵犯知识产权或欺诈等。如果被认定有罪，个人可能面临罚款、监禁、有犯罪记录的风险。这种刑事责任不仅对个人的未来产生深远影响，还可能损害其声誉和社会地位。

除了法律责任，学术不端行为还可能对个人的学术生涯和声誉产生长远影响。

首先，一旦被发现有学术不端行为，个人的声誉将受到严重损害。学术界高度重视诚信和道德，一旦被认定为不诚信的人可能会受到同行和学术界的社会排斥。这可能会导致难以找到合适的合作伙伴、导师或研究机会，甚至可能影响到个人的职业发展。

其次，学术不端行为还可能对个人的学术生涯产生持久的负面影响。即使在受到处分或惩罚后，个人也可能长期承受声誉受损的后果。这可能包括被限制参与研究项目、难以获得研究经费或奖学金、失去学术头衔和职位等。这些后果可能持续多年，甚至可能终身影响一个人的学术道路。

最后，学术不端行为还可能对整个学术社区产生负面影响。一旦有人被发现有学术不端行为，其他研究者和学生可能会感到怀疑和不信任。这可能导致学术界内部的紧张关系和信任危机，对合作和知识共享产生不利影响。

学术不端行为可能导致严重的法律责任和后果，包括学术处分、行政处罚甚至刑事责任。这些后果不仅对个人的学术生涯和声誉产生直接和长远的影响，还可能对整个学术社区产生负面影响。因此，诚信和道德在学术界中至关重要，任何形式的学术不端行为都应受到严肃对待和惩罚，以维护学术的公平和诚信。

五、预防措施和教育

学校和高等教育机构在培养学生时应该注重学术诚信的教育。这不仅包括告诉学生什么是学术不端，还包括为他们提供关于如何避免这种行为的指导。学术诚信教育可以通过课程、研讨会和宣传活动来实现。例如，学校可以开设专门的学术诚信课程，教授学生如何引用他人的作品、避免抄袭，以及如何正确处理学术道德困境。此外，学术机构还可以组织讲座和讨论，让学生了解学术诚信的重要性和不端行为的后果。

同时，学术机构应该建立完善的学术监督机制，以便及时发现和应对学术不端行为。这包括建立举报渠道，鼓励教职员工和学生积极举报不正当行为。举报机制应该保护举报人的隐私和安全，以防止报复。学术机构还应该建立专门的学术不端调查团队，负责对举报进行调查，确保公正和透明。如果发现学术不端行为，应采取适当的纪律措施，以起到警示作用。另外，培养学生和教师的法律意识也是预防学术不端的重要一环。学术界有一套明确的法律规定，包括《中华人民共和国知识产权法》《中华人民共和国著作权法》和学术不端行为的法律后果等。学生和教师都应该了解这些法律并遵守它们。学校可以通过法律教育课程或工作坊来增强法律意识，使学生和教师明白他们在学术领域中的权利和义务。此外，学校还可以提供法律咨询服务，帮助解决与学术不端相关的法律问题。

除了教育方面的措施，制度设计也起着关键作用。学术机构应该建立明确的学术诚信政策和准则，明确了学术不端的定义和后果。这些政策应该适用于所有师生，并包括处罚措施，以确保违规者受到惩罚。此外，学术机构还应该建立监督和审查机制，定期审查学术诚信政策的执行情况，确保其有效性和公平性。如果发现政策存在漏洞或不足，应及时进行修订和改进。

学术不端行为的预防需要全社会的参与。政府、学校、教育机构、教育工作者、学生和家长都应该共同努力，为学术诚信创造有利环境。政府可以制定相关法律和政策，支持学术机构加强监督和教育。学校和教育机构应该积极推动学术诚信教育，为学生提供必要的资源和支持。教育工作者应该起到榜样作用，诚实守信，教育学生遵守学术规范。学生和家长也应该积极配合，鼓励学生树立正确的学术道德观念。

预防学术不端行为需要综合考虑教育和制度两方面的因素。通过加强学术诚信教育、建立完善的学术监督机制，以及培养学生和教师的法律意识，可以有效预防学术不端行为的发生。这需要学校、教育机构、政府和全社会的共同努力，以保护学术诚信的核心价值观，并为知识的可持续发展创造有利条件。只有通过全方位的预防措施，我们才能建立一个公正、透明和诚信的学术环境，推动知识的不断进步和创新。

参考文献

1 刘祥国.高校管理与师生权益的保护[J].长春大学学报(社会科学版),2006,16(1):94-97.
2 张七妹.社会治理共同体视域下高职院校依法治校研究[J].哈尔滨职业技术学院学报,2023(6):5-8.
3 徐兵.高校师生权利的法律保护研究[D].广东:华南理工大学,2010.
4 罗丽华.高校依法治校的现状与展望[J].中南林业科技大学学报(社会科学版),2013(3):121-125.
5 李爱珍.依法治校背景下高校师生法律关系研究[D].江西:江西师范大学,2009.
6 赵文雯.高校管理与学生权益保护的研究与对策[J].中文科技期刊数据库(全文版)社会科学,2022(5):4-7.
7 于双媛.依法治校视域下现代大学制度建设研究[J].中文科技期刊数据库(全文版)教育科学,2021(6):190-191.
8 王美春.大学生合法权益保障探析[J].人民论坛,2012(2):76-77.
9 李慧鹏.依法治校进程中的大学生权益保护问题研究[D].河北:河北师范大学,2012.
10 王永敏,刘爽.全面依法治国视域下高校依法治校工作探索[J].求知导刊,2016(8):30-30.
11 张伟.依法治校与大学生思想政治教育管理法治化[D].上海:华东师范大学,2010.
12 张颖.依法治校背景下促进高校校园法治文化建设[J].魅力中国,2016(10):9-9.
13 贾辉.依法治校背景下高校学生管理法治化[J].思想理论教育(上半月综合版),2017(1):108-111.
14 刘鹏.民法典对高校法治工作的新要求与改进路径[J].黑龙江高教研究,2022(1):50-54.
15 岳伟.高校法治观教育研究[D].山东:中国海洋大学,2013.
16 孟莉.谈高校依法治校工作中存在的主要问题及对策[J].教育与职业,2007(35):66-67.
17 湛中乐.大学法治与权益保护[M].北京:中国法制出版社,2011.
18 万华.师生权益保护热点问题的法律透视[M].广州:暨南大学出版社,2009.
19 周旭清,王云兰.高校内部治理下的师生权利保护[M].南昌:江西高校出版社,2011.